广东海洋大学寸金学院科研成果；
岭南师范学院粤西濒危文化研究协同创新中心系列研究成果之一；
“广东省哲学社会科学‘十二五’规划2015年度项目‘粤西濒危民俗文化研究’”
(项目批准号:ＧＤ１５ＤＬ０８)的课题研究成果。

粤西濒危民俗文化研究

林春　著

WUHAN UNIVERSITY PRESS
武汉大学出版社

图书在版编目(CIP)数据

粤西濒危民俗文化研究/林春著.—武汉：武汉大学出版社，2019.11
ISBN 978-7-307-21169-8

Ⅰ.粤…　Ⅱ.林…　Ⅲ.俗文化—研究—广东　Ⅳ.G127.65

中国版本图书馆 CIP 数据核字(2019)第 203959 号

责任编辑:黄金涛　　责任校对:李孟潇　　版式设计:马　佳

出版发行：**武汉大学出版社**　(430072　武昌　珞珈山)
(电子邮箱：cbs22@ whu.edu.cn　网址：www.wdp.whu.edu.cn)
印刷：北京虎彩文化传播有限公司
开本:720×1000　1/16　印张：18.5　字数:257 千字　插页:1
版次:2019 年 11 月第 1 版　　2019 年 11 月第 1 次印刷
ISBN 978-7-307-21169-8　　定价:39.00 元

前　言

粤西是广东省西部地区的简称。广东省西部地区包括湛江、阳江、茂名、云浮四个地级市，粤西不是一个行政区域，而是一个文化区域，粤西各地文化有明显的共性，这是维护粤西人的桥梁。粤西民俗文化属于岭南民俗文化的一个重要组成部分。

濒危民俗文化是指那些经过历史承传、至今还为民众所喜爱和践行、现在却面临着失传甚至消亡危险的民间文化。它可以是民间艺术、民间竞技等物化形态的民间文化，也可以是民间传说、民间信仰、民间风俗、民俗礼仪等精神形态的民间文化。濒危民俗文化是中华文化在迁延发展中产生的具体生态“物种”，是中华文化生态链上不可或缺的环节，是活生生的民俗个案，是不可再生的文化资源。

习总书记强调，提高国家文化软实力，要努力展示中华文化独特魅力。要系统梳理传统文化资源，让收藏在禁宫里的文物、陈列在广阔大地上的遗产、书写在古籍里的文字都活起来。要综合运用大众传播、群体传播、人际传播等多种方式展示中华文化魅力。民俗文化是中华文化的重要组成部分，它的多样性其实是中华文化多样性的表现，是中华文化独特价值的体现之一，值得珍惜与保留。

粤西民俗文化是岭南文化不可分割的一部分。岭南文化主要由客家文化、广府文化、潮汕文化和雷州文化四大民系文化组成，粤西文化是以雷州文化为内核扩散与融合粤西各地民俗特色而形成的区域文化。本书所记载的是粤西地区尤其是雷州半岛的濒危民俗文化事像。

粤西民俗文化承载着丰富的民间民俗形式：婚丧嫁娶、民间艺术、谚语、民间信仰、祭祀、年节习俗、礼仪等，其中列入非物质文化遗产的种类也很多，到目前为止，包括雷剧、姑娘歌、醒狮、人龙舞、傩舞、木偶戏、飘色、石狗等13项艺术品类已被列为广东省非物质文化遗产目录。这些民俗艺术底蕴深厚，犹如环环相扣的银链，闪耀着独特的文化光辉，值得研究。

但粤西民俗文化在社会现代化进程中，随着社会经济、政治、文化体制的全面转型，很大程度上桎梏了它的发展，致使其同样面临着现代化的严峻课题：目前许多民间民俗文化形式正面临着割裂消失、甚至被异化的危险境地。如傩舞、傩戏、飘色、民间信仰等民俗遗产已面临生存、保护和发展困境，它们或后继无人，或逐渐地被人们淡忘、被忽略、被毁坏，大部分已濒危。

诚然，粤西民俗文化总体上同全国的民俗文化现状一样，期待更及时的保存和广泛深入的研究。为此我们应该本着批判扬弃的原则加以挖掘、整理与保护，寻找其现代化发展的最佳路径，促使其向宏观、理性、深度的方向发展，这是当今一项迫切的文化传承任务。

本书是“广东省哲学社会科学‘十二五’规划2015年度项目《粤西濒危民俗文化研究》”（项目批准号：GD15DL08）的课题研究成果。该项目在研究中形成的一些主要观点也体现在本书内容中：

（1）粤西民俗文化源于中原文化，两千余年来一直处在中原文化的辐射和影响之下，由于地处岭南文化圈的边缘地带，当中原文化中心发生形态改变后，它并未紧随其后，反倒保存了中原传统民俗文化一些原初的形态，在广东现代社会中呈现出凝重保守的特殊样态；同时，粤西民俗在其生存与发展过程中，当地土著民俗与中原民俗、岭南民俗乃至西洋民俗产生融合和相互影响，从而融汇成多元独特的文化元素，形成了千姿百态的多元品格，打造出具有自己独特的传统文化和风俗习惯。研究和认识这些民俗文化的特点，对于了解早期岭南地区各民族之间的融合，揭示岭南文化的特征，具有不可低估的作用。

（2）民俗文化的多样性是中华文化多样性的表现，体现了其在中华文化中的独特价值。粤西民俗文化的多元性，反映了粤西别具一格的历史、地理和人文特色。尤其在雷州半岛，各种民俗文化大都不同程度地保留了古代中原文化和雷州土著文化的某些特点，是了解、研究中华文化发展史的可贵材料。

（3）濒危民俗文化是中华文化在迁延发展中产生的宝贵遗产，是不可再生的文化资源。抢救、保存濒危民俗文化是当代政府和学人的使命；其重要手段是政策引领、政府与民间合力；其高效工具是现代声像技术和计算机数据库技术的运用。

本研究也突显了濒危民俗文化研究的重要意义：

一是彰显中华文化特色，促进文化软实力建设。民俗文化是中华文化的重要组成部分，是中华文化的本土物色，具有独特价值。当前文化竞争已成为国与国竞争的核心，在多元文化的冲击和渗透中，发掘和提炼中华文化的本土特色，对于“提高国家文化软实力，展示中华文化独特魅力”具有重要意义。

二是具有社会学、文化学价值。濒危民俗文化是中华文化迁延发展的产物，是文化基因的携带者，是研究社会和文化变迁不可或缺的资源。尤其在雷州半岛，各种民俗文化都程度不等地保留了古代中原文化和雷州土著文化的某些特点，它的多元性反映了粤西别具一格的历史、地理和人文特色，是了解、研究中华文化发展史的可贵材料。

三是促进粤西民俗文化研究。本课题收录粤西部分濒危民俗文化个案，建设多功能数据库，可以为同行提供丰富准确的资料，以促进濒危民俗文化研究。

四是有利于促进农村文化建设。粤西濒危民俗文化主要存在于农村，我国农村既是文化建设的薄弱环节，又是民族特色文化内生力最强的地区，蕴含着丰富的民族文化元素。该研究有利于促进优秀传统文化的传承和利用，提高文化建设水平。

五是有利于濒危民俗文化的发掘保护。通过对当地濒危民俗文化研究，为地方政府推进濒危民俗文化艺术和非物质文化遗产的保护工作提供服务。

六是有利于促进粤西文化产业建设。地方民俗文化是一个地区的重要旅游资源，往往也是该地区重要的文化产业支撑。本研究有助于粤西文化产业的建设和发展。

本书发掘收录了丰富的粤西民俗文化例证：

本书以雷州半岛麻章区为例展开粤西濒危民俗文化研究。麻章，这片古老而神奇的土地，历史悠久，文化深厚，风景秀丽，人文荟萃，充满着神奇的魅力。据考究，大约在六千年前，这块土地上就有了人类活动。麻章的先祖们从蒙昧中走来，披荆斩棘，拓疆开业，生生不息。早在隋朝初期，该区就已成为雷州半岛的一个交通、商贸重要中心，自唐天宝年间始有“商旅攘熙，舟车辐辏”的美誉。宋代曾设雷州铁杷县，该区便成为了雷州半岛政治、经济、文化的重要中心。一时商贾云集，历代达官显宦、文人墨客纷至沓来。勇敢勤劳而纯朴的麻章人创造了灿烂的雷州半岛文明和诱人的传统文化。麻章的传统文化，是雷州半岛文化的缩影，也是雷州文化的重要组成部分，作为雷州文化的一员撑起了岭南文化的一方支柱，进而汇成为中华传统文化的涓涓细流。

麻章确是一个神奇的地方。首先是悠久的历史文化会带给你无限的惊奇，这里有隋代的铁耙县旧址（旧县村）、明清水师重镇白鸽寨（通明村）、古民居庐山村和遍布麻章城乡的古寺庵等古遗址、古建筑及文物，这些珍贵的历史文化遗产大多成为省、市级文物保护对象；二是最为奇特的要算民俗文化，傩舞、爬刀山、下火海、翻棘床、穿令箭等传统民俗民间文化，会令赞叹不已，叹为奇观；三是原始生态自然风光奇异，麻章有中国唯一的玛珥湖（湖光岩）、南亚奇园和东坡荔枝园、金鹿园等闻名遐迩的旅游胜地，还有湖光镇、太平镇的红树林带、云脚樟树林、火山谷等具有现代生态特色的旅游景点，会让你美不胜收。四是麻章美食魅力无穷，传统小吃、特色美食、四时果蔬让你既饱口福，又饱眼福。这些人文景观与自然景观的融合，使麻章的文化品牌更加熠熠生辉，引人入胜。

为了探究粤西的传奇史韵，领略其神奇文化，发掘其文史价值，本书写作小组在当地政府领导的指导和有关部门的帮助下，以麻章为重点，深入粤西各村镇，走访历史文化村落，观摩民俗活动，采集文史资料，大量采访各类文化当事人和“非遗”传人，参观新农村建设。在此基础上，对资料进行梭理研究：或重新审视，不为文史集辑的宽泛所迷乱，取之精粹；或厘清复杂的文史事象，取之特色；或辑录民俗表演之过程，取为范例；或不拘人文遗迹之远近，取其意蕴。由古及今，去粗取精，逻辑推论，理论诠释，撰文成书。

本书的一大亮点是围绕粤西濒危民俗文化的神奇之处来写，抓住粤西尤其是雷州半岛悠久的历史、优美的风光、神奇的民俗、奇特的村落文化等特点来写，力求写出粤西民俗文化的神韵与魅力。粤西地区无处不景，景景皆秀丽；粤西村村有民俗，俗俗皆神奇；粤西的人、粤西的景、粤西的食物、粤西的风土人情样样充满着魅力。本书并不满足于实情实景的描述，也夹叙夹议地分析研究，评述文化事象之优劣，寻找文化存废之因素，指出文化建设和发展的规律，既有文化现象的直观性，又有理论分析的思辨性，因而是一部集文化性与理论性于一体的文化学术专著。

我们悉数粤西的悠久历史，探究粤西的神奇民俗，再现粤西的文化魅力，是为了记住她的文脉传承。不但要抚古而知今，更要通古而惜今，要站在文化自觉的高度，培养对本土文化的自信，正确把握文化发展的规律，主动担当发展文化的历史责任，为建设美丽的粤西而推波助澜，这是根植于斯的当代文化人的使命。

拾得半岛沧桑史，尽阅粤西人文美。我们在寻觅粤西历史文化履痕的访古旅途上，揣着让文明流芳的梦想，逐村逐镇的领略其文化案例和史实，考究其历史文化因素，探究其存废规律，希望书稿具有一定的历史厚度和学术深度，以资教育和研究之用；同时，又以文化旅行者的心态，去赏析粤西优美人文景象，以文化叙事的笔法再现这些神奇的文化事象，从而达到宣传粤西文化，促进文化旅游事业的发展，为粤西的社会主义文化建设和新农村建设发挥应有的作用。是以为序！

2019 年 10 月 23 日于湛江

目　　录

第一章　粤西濒危民俗文化概述 …… 1

一、关于民俗文化研究的理论视域 …… 1

（一）关于民俗文化的定义 …… 1

（二）关于民俗文化的形成 …… 2

（三）我国民俗文化的特点 …… 3

（四）关于非物质文化遗产 …… 7

（五）民俗文化“濒危”的因素 …… 8

二、粤西民俗文化概要 …… 9

（一）粤西民俗文化概览 …… 10

（二）粤西民俗生存的环境 …… 20

（三）粤西民俗文化的现实形态 …… 36

（四）粤西民俗文化渊源——以雷州半岛麻章为例 …… 42

第二章　粤西民俗文化事象与濒危民俗文化——以麻章为例 …… 53

一、传奇的古村落 …… 53

（一）旧县村——绵延千年的“古县城” …… 53

（二）庐山村——因庐山美景而得其名 …… 57

（三）调塾村——历史悠久的传奇古村 …… 66

（四）通明村——引人入胜的特色文化村 …… 82

（五）湖光镇——风光秀丽人文荟萃的历史文化名镇 …… 97

二、古老的村落文明……………………………………………… 105
（一）凸显先民睿智的民居风水遗产 …………………… 105
（二）留存质朴民风的“民居化石” …………………… 114
三、远古的信仰文化……………………………………………… 125
（一）古祠庙——维系血脉相承信仰相通的神寓 ……… 125
（二）古石狗——图腾崇拜遗存的村落“守护神” ……… 135

第三章　经典民俗文化个案研究…………………………………… 143
一、温情的岁时节令——蕴含真善美价值的乡情民俗………… 143
（一）年例 ……………………………………………………… 143
（二）过节 ……………………………………………………… 147
（三）祭祀 ……………………………………………………… 152
（四）人生礼俗 ………………………………………………… 158
（五）进宅习俗 ………………………………………………… 165
二、神奇的信仰文化——遗存“巫文化”的信仰民俗 ………… 166
（一）游神——众乡亲虔诚崇拜的民间信仰 ………………… 166
（二）傩舞——从远古走来的“舞蹈活化石” ……………… 176
（三）穿令箭——充满神秘色彩的“巫文化” ……………… 184
（四）爬刀梯——体现无畏意志的民俗信仰 ………………… 190
（五）关公磨刀节——富有人文精神的信俗 ………………… 196
（六）过火海——充满无敌气概的民俗绝技 ………………… 202
（七）翻刺床——蕴含牺牲精神的民俗神功 ………………… 205
三、精湛的民间艺术——粤西民俗艺术个案研究……………… 211
（一）粤西白戏的唱腔和表演艺术 …………………………… 211
（二）吴川飘色及其造型艺术 ………………………………… 217
（三）遂溪醒狮艺术的社会文化特色及其发展 ……………… 223
（四）雷州歌的艺术特质 ……………………………………… 232
（五）雷剧表演艺术的审美特征 ……………………………… 239

（六）“人龙舞”的美学向度 …………………………………… 244
（七）湛江傩舞面具文化及其艺术之美 ……………………… 253

第四章　主要观点与建议 ………………………………………… 264
一、粤西濒危民俗文化研究的主要观点 ………………………… 264
（一）粤西民俗文化的意义 …………………………………… 264
（二）如何看待粤西民俗文化的几个基本观点 ……………… 269
二、粤西濒危民俗文化保护与利用的建议 ……………………… 273
（一）粤西濒危民俗文化的挖掘整理与保护建议 …………… 273
（二）粤西民俗文化的建设利用 ……………………………… 277

参考文献 ………………………………………………………… 281

后记 ……………………………………………………………… 283

第一章　粤西濒危民俗文化概述

一、关于民俗文化研究的理论视域

我国民俗文化是我国民族文化的重要组成部分，是我国文化大发展大繁荣不可或缺的一部分，是提高国家软实力和文化国际影响力、建设社会主义先进文化的重要内容。在我国民俗文化发展的过程中，伴随着民族的融合、民族战争、民族迁徙、自然灾害等，民俗文化不断发生变化，同时也随着生产力的发展、现代化和全球化进程的不断推进，民俗文化赖以生存和发展的基础和人文条件也已经发生了变化，其中大量的民俗文化遗失和没落，以至于研究和抢救民俗文化已成为当务之急。然而，我国民俗文化发展的现状不容乐观，民俗文化的理论研究还有待深入。当前，民俗文化的研究理论大多源于“民俗学”，可是“民俗学”作为一门现代科学则是由国外引入中国的，这使中国民俗学始终带有舶来品的嫌疑。表现在现有的研究方法多是挪用西方或相关学科的，未能形成研究流派，一旦离开了西方的学术术语，民俗学家便陷入了失语的境地。因此，构建中国民俗学派的呼声日渐高涨。

（一）关于民俗文化的定义

所谓民俗，是一定地域的民众在长期生产和生活中形成并世代传承下来的一种风俗习惯，也是经过千百年的重复而沉淀出来的文化模式，即民众在长期的生产和生活实践中不断积淀并逐步形成文化的过程，这个过程是个复杂的社会和个体的认知过程、同化过程和内化过程。任何一个民族，在其漫长的社会历史发展过程中都必然会形成各具特色的民俗社会。民俗文化是民俗社会中民间风俗、民间文化以及民间生活方式的总和。如年节文化、婚丧文化、饮食文化、服饰文化、建筑文化、宗教文化等诸文化形式及其所包含的诸多内容均属民俗文化的范畴。民俗文化虽然与官方倡导的官方文化形式之间存在着相互影响，甚至相互转化的密切关系，但仍有其自身的显著特点：人民群众出于一种完全的自觉自愿，自发地创造、应用这种寄托思想，表达愿望的文化形式，并使之能世代相传。在传承中依据社会历史的发展而发生演变。民俗文化对社会成员具有特定的影响力和约束力，其传承与维系取决于心理信仰、传承力量、习惯势力和从众心理等因素。

（二）关于民俗文化的形成

任何一个民族的民俗形成都是一定地域内的社会历史发展阶段的产物，并具有很深的社会根源、历史根源和地理根源。在人类社会发展史中，民俗经历了一个从无到有，由简到繁的发展过程。随着生产的发展，社会的进步，各具特色的物质生活和与物质生活密切相关的人类社会生活的组织形式以及婚、丧、礼俗等也日益形成，久而久之，就逐渐形成为民族的风俗习惯，即民俗。民俗是在长期社会历史中逐步形成的一种社会现象，是历史的产物。因此，不同的民族由于所处的社会历史阶段不同，所形成的民俗亦保留着不同社会历史的阶段性。

民俗形成的原因，除了与历史因素、社会因素、政治因素、文化因素相关之外、地理因素、气候因素、民族因素、宗教因素、语言因素等，都对风俗的形成发展和变化有关。其中，直接的原因有：

（1）经济的因素。民俗习惯作为一种生活文化，它的产生与其经济基础有密切联系，不同的经济基础上会形成不同的民俗文化。

（2）政治的因素。进入阶级社会后，统治阶级的思想在每一时代都是占统治地位的思想，因此民俗文化也不可避免地受到政治的影响。

(3) 地缘的因素。自然是文化的母体，不同的群体在一定的自然环境中生活，所以任何文化的产生都具有地缘的因素。因此，民俗习惯的形成也必然受地缘因素的影响。

(4) 宗教的因素。宗教信仰是人类社会发展中极为重要的精神现象，因此作为包括物质生活文化和精神生活文化的民俗文化，在其形成和发展中，也必然会与宗教的因素产生极为密切的联系。后世的有些民俗习惯就是由先前的宗教仪式演变而来的。

(5) 语言的因素。语言是人类交际的最为重要的工具，所以也是民俗文化借以形成和传承的重要工具。随着语言的发展，会影响到民俗文化的发展。

因此，民俗文化是一个民族在一定的自然环境和社会环境中相沿积久而形成的生活方式。它具体表现在各民族的生产水平、政治活动、文化方式、居住条件、饮食习惯、服饰、婚姻、丧葬、节庆、娱乐、礼仪、禁忌等方面。民俗文化在不同程度上反映了民族的历史传统、心理感情以及道德准则、宗教观念等。作为民族特点的一种外在表现，民俗文化对民族的发展有着十分重要的影响。

(三) 我国民俗文化的特点

我国民俗文化历史悠久、博大精深，民俗作为民族社会心理的表现形式，是一种重要的文化现象，直接反映并影响着一个时代的民族精神和社会生活面貌，是社会文化的组成部分。从内涵和外延看，它有四个特征。

1. 独立完整，延续不断

我国民俗文化的这一特点与中华文明的形成有关。中华文明的形成既是多元的，也是一体的，即所谓“多元一体化”。中华文明的演进过程，首先是多元文明的融合，是互相整合，而不是互相灭绝。中国地域辽阔，民族众多，方言隔阻，是靠文化思想和文字为纽带，维系多元一体的文化格局。各个地区的文化通过相互竞争、碰撞、融合，最终形成了完整的中华文明。

戴逸先生曾分析过对我国文化影响较大的诸项因素，包括经济条件、政治结构、社会结构、地理环境，这些都对中国文化的发生、发展有所影响。

概括来说，我国民俗文化的整体性延续不断的主要有四大原因：一是，中华文明本身的规模因素，即地域的广阔和整体规模的巨大，形成了一种难以征服与分割的力量。中华文明在政治、经济、文化等方面已经形成了完整的相互关联的文化整体。曾经对中华文明构成威胁的其他文明最终都被这一规模巨大的文化整体所吸收和同化。二是，中华文明本身的文化因素，以血缘为纽带的关系，发挥着巨大的维系文明的作用。如对中华民族共同始祖炎、黄二帝的崇拜，影响深远，使中华文明在多元发展的同时，一以贯之地保持了完整性。戴逸先生曾分析过对我国文化影响较大的诸项因素，包括经济条件、政治结构、社会结构、地理环境，这些都对中国文化的发生、发展有所影响。首先，我国是农业社会，自给自足的小农经济长期占统治地位，商品经济不发达。在这样的一个农业社会里，民族性格既有勤劳朴实的一面，也造成了稳定保守的一面。其次，我国几千年的政治体制、政治结构是长期的封建专制主义。从秦代算起已有2000多年历史，给我国的传统文化打下了很深的烙印。三是，我国历史上宗法、家族制度曾普遍盛行。宗法意识、家族意识非常强烈，传统文化就是在这样的社会结构中形成的。四是，地理环境也对我国文化产生了较大影响。我国地处亚洲东部大陆，东面是海洋，西北是高山、沙漠，在这样的地理环境中形成了中华文明独立而完整的文化系统。

2. 统一多样，开放包容

中华文化以包容四方的气象著称于世，其中民俗涵化之功甚伟。自古到今民族文化的融合，首先是民俗文化层面的接纳，民俗文化起了潜移默化的作用，影响极度深远。汉族民俗中融合了不少少数民族习俗，可以说从来就没有纯粹意义的汉民俗，只有民俗融合时间的早晚而已。同样，现存的各少数民族也程度不一地受到汉民俗影响。因此，中国民俗文化活动形式极为丰富，呈现出统一多样性与开放包容性的统一。

3. 原始神秘，封建小农

神秘是我国传统民俗的一大特性。在中国传统社会里，出于民众的实用目的，大多民俗事项是依靠神秘的民俗行为来促成的，神秘性事项无论怎样复杂，目的也只有一个，即服务于人们的生活需要。在民间传承的大量古老风习中，存在“万物有灵”的原始观念，民俗事象大多蒙上了神秘色彩。佛、道二教的传播与流行，尤其是道教对民俗生活的介入，使中国传统民俗的神秘色彩更为浓厚。

（1）神秘性与实用性的结合。神秘与实用是中国传统民俗的一大特性，这是就民俗事项本身性质来说的，在中国传统社会里，民众的实用目的，大多依靠神秘的民俗行为来促成，神秘性事项无论怎样复杂，目的也只有一个，即服务于人们的生活需要。

首先看中国民俗的神秘性。民间传承着大量古老风习，“万物有灵”的原始观念依然浓烈，民俗事项大多蒙上了神秘色彩。佛、道二教的传播与流行，尤其是道教对民俗生活的介入，使中国传统民俗的神秘色彩更为浓厚。

其次看中国民俗的实用性。实用性是中国民俗最本质的特点，民俗服务于人们的生产与生活，人们依赖民俗开展生产，繁衍后代，寻求精神愉快。民众创造了民俗，民俗服务了民众。民俗信仰的直接功利性是它区别于一般宗教信仰的根本特征之一。当然，中国民俗的实用性，不仅仅表现在信仰心理方面，更重要的是许多民俗活动在民众实际生活中发挥着效用。

（2）封建小农，宗教色彩。中国传统民俗的思想基础主要是封建小农意识。小农意识产生于封建社会，是小农经济中农民身份和地位的体现，它充分反映着农民为生存而对自身利益的维护，但不包含对权利的捍卫与争取；它虽是与官文化对立的民文化，但并未从根本上否定官文化的统治，而是在如何适应官僚制的前提下，形成维护自己的生存和简单再生产的初级观念。小农意识是个体的，但却是普遍的，它作用于农民，影响于全社会，包括小市民，乃至官僚。封建小农意识最在民俗文化中的突出与众不同是宗派亲族观念。由于农民主要是个体经营，势单力薄，没有组织，没有协作，没有利益责权的共存，自然也就没有抗风险和抵御自然灾害的能力。风调雨顺的时候养尊处优，一旦出现了自然灾害和突发事件就求助无门。唯一可以依赖的就是宗派亲族，有小农意识的人只相信同姓同血缘的本家人。因此，我国传统民俗文化中最突出的是宗派亲族观念，它是承传和维系农村传统民俗的主要文化基因。

宗教信仰是造就传统民俗的重要元素，也是造成民俗地域特征的一个重要原因。在中国，信众比较集中的宗教主要有儒教、佛教、道教等。儒教主要集中在东部地区，佛教主要集中在中原汉族地区和西南少数民族地区，道教主要集中在广大汉族地区，宗教信仰不同，使得这些地区的民俗有鲜明的宗教色彩和地域性特征。如地处西南的傣族，因小乘佛教的影响，民俗中又包含了极其丰富的小乘佛教内容。相反，中原地区神庙中的神灵，则主要由佛道唱主角。

4. 稳定性与变异性

民俗文化因其传承的特殊性，在日常生活中人相袭，代相传，具有相对稳定的特性。但民俗作为一种基础文化，它在传承与传播过程中并非一成不变。相反，它随着时空的变化不断地发生变异，形成了与稳定性相联系的变异性特征。稳定性，是我国民俗性格的突出表现之一。中国经历了几千年的农业社会，虽然发生了几十次大规模的王朝更迭的战争，但农业社会的基础并未动摇，几千年一以贯之的农业宗法社会性质没有发生大的改变，由此围绕着农耕社会所形成的大农业民俗得到相对稳定的传承。这种稳定性主要有以下体现：家族观念的稳定性，节俗传统的稳定性，以及人生仪礼习俗的稳定性。但是，我国民俗性格的稳定性只是相对而言，我们在讨论民俗的稳定特性时更应强调其变异的特性。变异性是我国民俗的鲜明特征之一。民俗在传承中变异，在变异中传承。民俗的变异性从总的方面看，与历史性、地方性相关联，同类民俗在不同时代、不同地区都会有各自的特点。

民俗的变异性还表现在横向的地域分布中。我们在论述民俗地方性特征时已涉及民俗的地方变异问题。同一种民俗事项，在各地会出现不同形态，有的是因为发生的基础不同，有的是在传播过程中的变形。民俗的变异性，一般说来有 3 种情况：一种是民俗表现形式的变化；一种是民俗性质的变异；再一种就是旧俗的消亡。民俗的变异性特征为移风易俗提供了学理的依据，人们可以依据民俗变异的规律，“化民易俗”，删繁就简，推陈出新，为建设民族的新文化服务。

（四）关于非物质文化遗产

关于非物质文化遗产的界定，是近几年学术界颇有争议的问题。以往这个问题似乎并没有多少疑义不是问题。因为在此之前，中国民俗学界或民间文化界一直在使用“民俗”、“民俗文化”、“民间文化”、“民族民间文化”等概念。现在突然出现一个“非物质文化遗产”的学术名称，而且这一名词变得十分时髦，许多高等院校和研究机构纷纷改名，成立非物质文化遗产研究所、非物质文化遗产研究中心，有的提出要建立非物质文化遗产学学科等。人们不禁有疑问，这些是什么学科呢？有人认为，非物质文化遗产就是指我们以往熟悉和研究的民间文化、民俗文化。“非物质文化遗产”和“民俗”、“民间文化”的概念是可以互相置换的，其实则不尽然。

“民俗”、“民间文化”、“民俗文化”较之以“非物质文化遗产”是更为广泛的概念，它们之间有递属、交叉和包融的关系。从研究对象的属性来看，“非物质文化遗产”的概念比“民俗”、“民间文化”的概念包含的内容要丰富，要宽泛，它包括被各群体、团体、有时为个人所视为其文化遗产的各种实践、表演、表现形式、知识体系和技能及其有关的工具、实物、工艺品和文化场所。也就是它不仅仅研究“非物质文化遗产”中的“民间文化”、“民俗文化”，也研究非民俗的传统文化现象。但反过来从“民俗”和“民间文化”的研究对象来看，它们又比非物质文化遗产广。一个简单的道理是，民俗文化研究的对象不止是非物质文化遗产，它还包括了物质文化遗产。因此说，它们之间的关系是交叉重叠的关系。

物质民俗、社会民俗、精神民俗等民俗文化都是民俗学研究的对象，这是没有疑问的。非物质文化遗产概念不是首先从学界诞生的，而是从体现主权国家之间博弈和共谋的国际公约中诞生的，是在国家政府推动下被学界和普通民众接受的。国际公约定义的非物质文化遗产，一直被民俗学、人类学、文学、舞蹈学、音乐学、美术学、医学和历史学等传统学科所分辖，也就是，非物质文化遗产一直没有归入某一学科的专属研究对象，以至于有学者认为有必要为它建立一门专门学科：非物质文化遗产学。①

历来关于学术概念的界定，是一个复杂的问题。民俗学学科的发展有100多年的历史。关于“民俗”的定义不下几十种，至今还在争论不休，我们遵存哪一种？概念界定是必要的，但研究不能单纯从概念出发，而要从实际出发。

（五）民俗文化“濒危”的因素

在我国民俗文化发展的过程中，伴随着民族的融合、民族战争、民族迁徙、自然灾害等，民俗文化不断发生变化，同时也随着生产力的发

① 宋俊华，非物质文化遗产研究的学科化思考，重庆文理学院学报（社会科学版），2009年7月第四期。

展、现代化和全球化进程的不断推进，民俗文化赖以生存和发展的基础和人文条件也已经发生了变化，其中大量的民俗文化被遗失和没落。具体表现在以下几个方面：

1. 民俗文化的商品化

由于我国某些地区民俗文化别具特色，这就成了旅游开发的巨大商机。就是把我国的民俗文化作为一种旅游资源，加以开发利用，然后出售给游客。这样，我国的民俗文化就变成了一种商品，变成了赚钱的手段，也就失去了民俗文化原本的意义，也阻碍了民俗文化的进一步发展。

2. 民俗文化的庸俗化

在民俗文化被当作旅游资源开发时，为了迎合游客的需要，往往夸大其词、大肆渲染，甚至为迎合一些低级趣味的游客，不尊重少数民族的宗教感情。而且，在旅游开发的过程中缺乏科学把握，表现形式简单化，生搬硬套，不能真正表现民俗文化的淳朴性和民族性，进而导致我国民俗文化的庸俗化。

由此可见，我们必须在充分认识民俗文化重要性的基础上，制定积极对策，大力推动我国民俗文化的复兴和发展。

总之，民俗文化是我国民族文化的重要组成部分，是我国文化大发展大繁荣不可或缺的一部分，基于民俗文化发展现状，我们应该站在新时代的起点上，制定各种对策，复兴、保护、传承、发展、繁荣我国的民俗文化。这样，才能加快建设中国特色社会主义文化的步伐，才能不断增强国家文化软实力和国际影响力。

二、粤西民俗文化概要

粤西是广东省西部地区的简称。广东省西部地区包括湛江、阳江、茂名、云浮四个地级市，总面积 63916.4 平方公里，占全省的 17.99%；人口 2498.54 万人，占全省总人口的 21.29%。粤西地区的地形地貌主要包括丘陵、山地和盆地等；粤西第一高峰是位于信宜市境内的大田顶，属于云开山脉；鉴江是粤西最大的河流，广东第三大水系，古时以其水清如镜而得名。粤西不是一个行政区域，而是一个文化区域，粤西各地文化有明显的共性，粤西民俗文化属于岭南民俗文化的一个重要组成部分。

（一）粤西民俗文化概览

粤西的主要民俗文化有：

1. 风俗文化类

年例：粤西地区的年例之风一般在乡村举办居多，敬神、祭祖、祭礼社稷是年例的主要流程，还会有许多其他的节目，如木偶戏，舞狮，舞龙，看傩戏，放烟花等。游神是重头戏，要从早都晚不停地巡门，绕着村子，敲打锣鼓，驱赶过去的不如意，祈祷好运的降临，保佑村民的

粤西农村年例筵席

平安。游神过后便是筵席，主人邀请诸多亲朋好友开怀畅饮，看大戏、看木偶戏、看飘色热闹非凡。年例是当地独有的，具有浓厚的民族风情和乡土气息，表现了乡村人的淳朴、厚道、热情、乐观的精神状态。

飘色：飘色是中国一项古老的民间艺术。所谓飘色，是由三至四人推着一张长约二米、宽约一米，高约零点八米的台，台上凌空飘起造型各异的人物或动物，仅靠一根看不见的梗支撑，犹如腾云驾雾般展现在人们面前，这样巧夺天工的画面令人称奇叹服。吴川飘色被中国民俗专家赞誉为中国民间民俗艺术一绝。

吴川飘色

湛江傩舞：湛江傩舞起源于原始社会图腾崇拜祭祀仪式，其内容形式是古代雷州半岛劳动人民敬天崇雷而形成的一种独特的雷傩舞，以雷首公与东、南、西、北、中五方雷将为主体，还包括土地公婆、艄公婆等，俗称“走清将”、“舞巫”、“考兵”等，也是当地古代先民祭雷遣灾、祷神保平安的民俗舞蹈。湛江傩舞已被列入第二批国家非物质文化遗产名录。

湛江傩舞

遂溪醒狮：遂溪醒狮表演始于明清时期，是一种地道的广东省民间舞蹈，是广东舞苑中的一宝。传统民俗认为舞狮可以驱邪辟鬼，故此每

遂溪醒狮

逢喜庆节日，例如新张庆典、迎春赛会等，都喜欢敲锣打鼓，舞狮助庆。二百多年来，凡逢年过节、喜红庆典，都用醒狮助兴，祈求平安吉祥，醒狮表演成为当地乃至粤西地区群众喜闻乐见的一项活动。遂溪醒狮已被列入国家非物质文化遗产名录。

人龙舞：人龙舞堪称雷州半岛的传统舞蹈之魂，其节奏鲜明，鼓点强劲，气势雄伟，催人奋进。传说龙能行云布雨、消灾降福，象征祥瑞，所以以舞龙的方式来祈求平安和丰收就成为全国各地的一种习俗。雷州半岛现有东海岛人龙舞和沈塘人龙舞。沈塘人龙舞（原始型）源于清嘉庆年间（1523 年），沈塘村民为庆祝当地官宦陈仕恺新建沈塘圩而始创人龙舞。该舞蹈已被录入《中国民族民间舞蹈集成》（广东卷），已成为广东省非物质文化遗产保护项目。

东海岛人龙舞

粤西白戏：粤西白戏俗称白戏仔，是广东省的传统戏曲剧种之一。原是以粤西白活演唱的木偶戏，因为它经常在安铺演出，唱腔形式有别于其他地方的戏班，所以又叫“安铺白戏”，后改称“粤西白戏”。它流行于广东省湛江市的廉江、遂溪及广西合浦等地。已成为广东省非物质文化遗产保护项目之一。

粤西白戏

木偶戏：高州、化州、信宜木偶戏其风格颇具粤西地方特色，其独特古朴的唱腔，精湛的表演使许多观众流连忘返。

高州木偶戏

八音：八音是广泛流行于我国南方的最古老乐种之一，属民间音乐。其中著名的有“安铺八音”是省级非物质文化遗产。

安铺八音

雷州歌：雷州歌是广东雷州半岛地区劳动人民的精神食粮，是广东省四大民歌之一，以雷州话演唱。是记载着雷州半岛人民生存、劳动、生活的斗争史。雷州歌反映古代雷州地区劳动人民风貌及劳动生产内容，是雷州歌的主流题材。随着时代的变迁，雷州歌的主题思想也不断升华。蕴藏在雷州半岛的民歌资源非常丰富，雷州歌具有十分宝贵的历史价值和现实意义。2008 年雷州歌入选第二批国家级非物质文化遗产名录。

高州单人木偶戏：俗称鬼仔戏，是广东省的传统戏剧艺术。明朝万历年间（1572—1620 年），传自福建布袋木偶，开始广泛流传于高州的村村寨寨。从此，高州人头顶有神灵，可安顿灵魂，身旁的木偶，常愉悦身心。高州单人木偶戏入选第一批国家级非物质文化遗产名录。

化州跳花棚：当地人俗称跳棚舞，于明朝万历年间从福建传入，经不断的改良及提炼，与当地习俗相结合，形成具有古朴浓郁和鲜明地方

雷州歌

特色的民俗舞蹈，数百年来经久不衰，一直流传至今。“跳花棚”用竹子稻草在田头村边搭起草棚，挂上大红灯笼及鲜花，演员少则十多人多至百人，饰以“七十二贤”及各种花草。跳棚舞有固定的演唱台本，分为接神、安座、开棚门、小孩儿、秀才、后生唱歌、锄田等十八场，内容多为农事耕耘、男女情感、生活趣谈，旨在驱邪除恶，祈求风调雨顺、物富民安、五谷丰登。

连滩山歌：云浮市郁南县的连滩山歌起源于明朝年间，流行于粤西地区，它是劳动人民创造的一种口头文学。属于广东省三级非物质文化遗产。连滩山歌因源于连滩镇而得名，由于它是南江地区劳动人民在长期的生产生活中的艺术结晶和历史产物，承载着当地许多重要历史文化信息，因此，被誉为南江文化的“活化石”。

白花灯巡游：源于明清，流传于信宜市镇隆镇及广东新兴县。白花

高州单人木偶戏

灯俗称“点灯”“拜灯”。在节令习俗中，民间自正月十三日起，到宗祠神庙去挂灯笼，十五日将灯提回挂于家门，称为兴灯。“灯”与“丁”同音。旧俗都想“人丁兴旺”，便于元宵节在灯（丁）上大做谐音取意的“兴灯（丁）”。白花灯专为庆贺和启报婴儿出生之用。灯型男女有别，男庄重，女轻巧。凡有孩子正月初十前出生的人家，必须在来年或本年做备白花灯，农历正月初十持灯拜祖及土地，然后挂于土地庙，还要做一种当地特色的米制品分发给本村同祖宗的村民，白花灯在元宵节时擎灯巡游。

2. 人物传说类

六祖慧能大师：广东云浮新兴人，唐代高僧，中国佛教禅宗六祖，著有六祖《坛经》流传于世，至今仍有肉身舍利久存于世，成为佛法修行之见证。

化州跳花棚

连滩山歌

陈文玉：广东雷州人，南粤先贤，唐朝粤西著名历史人物，唐太宗李世民封其为“雷震王”，后人尊称他为雷王、雷神、雷祖。雷祖陈文玉为雷州半岛人民所崇拜，是英雄、忠、孝、义的化身。

信宜镇隆镇白花灯巡游

六祖慧能大师

冼夫人：广东高州、电白一带人。俚族，南北朝时高凉郡人。冼夫人的一生是光辉的一生，为维护国家的统一，民族的团结，粤西的开发，作出了巨大的贡献，建立了不朽的功勋。

雷祖陈文玉

冼夫人

(二) 粤西民俗生存的环境

1. 粤西民俗生存的地理生态环境

在民俗的形成、发展、演变过程中，无疑政治、社会、经济、宗教等因素发挥着重要的作用。不仅如此，自然地理环境的因素对于众多民俗事项也都产生重要的影响。这种影响既可以表现在民俗形成的初始阶段，也可以贯穿在民俗发展、演变的全过程。地理环境因素对民俗的影响既表现出综合性的特征，也具有主导性的特点。综合性是指各种生态因素在影响民俗形成、发展过程中绝不是单独地、孤立地发生作用，而是全面地、综合地发生作用。粤西的地理环境和历史文化环境对民俗事项的影响极为复杂。

(1) 沿海因素是影响粤西民俗事项形成、发展和演变的重要自然地理要素。

粤西有着漫长的海岸线。有着典型的南方地区和沿海地区的气候特征：气温高、降水多、湿度大、台风频发、自然灾害多，因而形成了以妈祖信仰为主体的民俗文化和宅居文化。如做年例、穿令箭、滚刺床、过火海、人龙舞、粤西白戏等民俗事项的产生，都与妈祖信仰或海洋文化有关；其宅居文化有着沿海地区典型宅居特征：座北向南、前低后高、屋体坚固、屋顶陡斜、四壁透风、房体高架、上下分层的“四合式”的民居类型。

多雷是雷州半岛的一大气候特征，雷州半岛也因此而得名。多雷的气候是形成雷州半岛核心民俗文化——“雷文化”的重要成因。受“雷文化”的影响，雷州半岛产生了一系列与雷有关的民俗事项，如：雷州换鼓、雷祖崇拜、石狗崇拜、雷神传说、雷祖祠、雷话、雷歌、雷剧，等等。

南方的气候湿热，食物难以保存，因此其食品常有腌制的习俗。如“酸菜”、“咸鱼”、“鱼干”、“鱼露”等成为当地传统的食材。

粤西沿海地区的海上生产方式和生产工具与陆地生产有明显的不同。捕鱼、运输是主要生产方式，船、网、桨、帆等是最常见的生产工具，仅鱼网就有撒网、拉网（拖网）、抄网、挂网等许多类型，复杂多样。因在海上生产的危险性要比陆地上大得多，所以形成了许多沿海渔民特有的祈祷、祭祀和禁忌习俗。例如“祭海神”、“祭伏波将军”、

雷祖崇拜

“祭妈祖”、“祀冼夫人”、“洗船眼”、“祭海关菩萨”等祭祀活动和忌讳说“翻”字的习俗等。

徐闻三墩圣娘庙妈祖神诞日祭妈祖

（2）相对封闭的粤西山区使民俗文化形成了独自的特色。

粤西南部是漫长的沿海地区，北部则是广大的山区。粤西山区较之沿海地区，自古交通闭塞，文化相对封闭，但离中原较近，易受中原影响，其民俗受到中原文化的影响较大。粤西山区主要的节日如春节、元宵、清明、端午、中秋、冬至等，基本上是承袭中原而来，活动内容也大致相同。另一方面，粤西山区民俗仍然保留了它的许多特异现象，如云浮郁南的连滩山歌；茂名市的高州、化州、信宜的木偶戏；阳江人年初一“行大运”；罗定和信宜的“春牛舞”；信宜镇隆的“六双花灯”；粤西俚人（黎族人）的过竹山，上刀山，下火海等，所以，粤西山区民俗又有其独特的特色，主要表现在与中原文化的撞击与融合，民俗中既有中原汉人的古风遗韵，也有百越古族的特别禀赋。

综上所述，粤西民俗的形成、发展的过程就是对自然地理环境不断适应和利用的过程，生态地理环境对粤西民俗的形成、发展和演变发挥着重要的作用。因此，有必要开展粤西民俗文化与自然地理环境关系研究，这不仅对于深入研究粤西民俗事项的起源、发展、演变和地域分异规律具有重要的意义，而且对于深入研究粤西民俗的人地关系系统的发展演变和对粤西濒危民俗的保护发展都具有重要的价值。

2. 粤西民俗生存的历史文化环境

粤西民俗文化以农业文化和海洋文化为源头，发展的过程中不断吸收和融汇中原文化和海外文化，逐渐具有浓厚的包容和开放特点的民俗文化。粤西民俗文化在岭南文化的发展和交融中，逐渐形成了以雷州半岛文化为核心、融合岭南三大民系民俗文化的粤西民俗文化。

（1）雷州半岛文化是粤西民俗的核心文化。

雷州半岛是中国第三大半岛，地处中国大陆南部边陲，广东省西南部，突出于南海之中，北依岭南丘陵，南隔琼州海峡与国际旅游岛海南岛相望，西濒北部湾，南北长约 140 公里，东西宽 60—70 公里，面积 8000 多平方公里，包括湛江、麻章、遂溪、雷州、徐闻 5 市（区）县。

作为地域文化形成的初始物质条件，地理环境对地域文化有着深刻的影响。但作为文化区域，它不仅仅包括地理的雷州半岛，也包括受到这一地域文化辐射的周边区域。廉江和吴川的一部分属于半岛范围，受半岛文化影响较大，其他地区和半岛之间互有影响。历史上廉江、吴川与半岛三县在归属上有分有合，共同归属湛江市以后，相互间的影响进一步加深，可以视为半岛文化区的一部分。雷州半岛文化又称为“雷州文化”或“雷文化”。

第一，“雷文化”是雷州半岛文化的核心。

雷州半岛因古雷州而得名，古雷州因何得名，意见不一。一说因此地有擎雷山、擎雷水。一说因半岛多雷，并称半岛与印度尼西亚爪哇岛同属世界上两大著名雷区。确实，雷州半岛是比较多雷的地区。以先民们有限的认识水平，有可能认为是多雷故命名为“雷州”。自古，有关雷州半岛多雷的传说广为流传。清代学者屈大均在《广东新语注》中说“雷州无日不雷”，并且详述了雷州半岛的“冬雷”、“旧雷”、“新雷”、“阴雷”、“阳雷”等。雷州的先民们很早就崇雷，这极有可能与半岛多旱有关。翻阅雷州史籍，多有干旱记载。打雷后往往伴随着下大雨，是生活经验。所以，生活在河流短小、地表水缺乏环境中的先民们，祭雷祈雨是顺理成章的事情。因此，多雷或盼雷便成了雷州得名的缘由。

《雷州府志》的雷州古谚“雷打秋有作无收，秋打雷稻籽累累”，至今仍在雷州半岛的乡村中流传。可见雷暴对半岛农业生产颇有影响，所以也深深影响着居民的心理。雷声滚滚，撼天动地，惊心动魄。在雷压倒一切的威势面前，万物降服，大雨普降，滋润生灵。生活在这片土地上的先民们，面对雷的威力和恩泽，不可避免地会产生某种神秘感、敬畏感和崇拜感，并因此产生雷图腾，形成求雷、拜雷、崇雷、祭雷的民间风俗和相应的仪式。

“雷文化”是民族文化融合的结晶。史载雷州半岛上的先民是西瓯、骆越人，唐时称俚人。骆越人以雷为图腾，造青铜鼓以应雷。祭雷之时，雷鼓相应，人神共通。唐刺史陈文玉在治理雷州半岛期间，以德政驯服黎、瑶、壮、察、侗、苗等少数民族，改东合州为雷州，顺民俗而聚民心，以致自身也被神化为雷祖，足见民心所向和“雷”的影响。有学者认为：“雷图腾——雷传说——雷州——雷震王·雷祖——雷神——雷州换鼓（祭雷），就是古雷州的雷文化发展脉络”。“雷”是雷州半岛人民很多习俗和文化的源头，是半岛文化区的文化基因，以雷为文化裂变的内核，最终衍生出一系列关于“雷”的文化事项和文化仪式，如雷祖、雷神、雷祖祠、雷话、雷歌、雷剧……，其中“雷州换鼓”被明代冯梦龙称为天下四绝之首。①还有数以千万计与雷有关的传说故事世代流传。这一切共同构成了内蕴极为丰富的雷州半岛地域文化谱系。

从考古上看，湛江各地包括吴川、廉江，出土的文物许多具有“雷”的标志，反映出雷州半岛各地原始居民的“崇雷”思想。被称为“戏剧活化石”、历史极为悠久的傩舞，在广东，独有湛江有傩活动，而湛江傩舞中多有雷公面具。足以说明雷文化深远的历史渊源。如今崇雷、拜雷，以及雷歌、雷剧等已是雷州半岛居民精神生活不可分割的一部分，不仅广受欢迎，也越来越显示出它在新时代的强大生命力。

在雷州半岛形成的这一地域文化，其独特性及其影响，足以成为岭南文化的系统中，与广府民系文化、客家民系文化、福佬民系文化并列的民系文化系统。雷州半岛文化的标志物和精髓是：雷州方言、雷歌雷剧、雷祖雷神等，这些无一不打上“雷”的印记，“雷”是雷州半岛文化有别于其他文化系统的基本特征，是它的遗传基因。前广东炎黄文化研究会副会长祁峰先生认为，雷州文化“正因为它具有这些特色和风格，使它能够在我国众多的地域文化之林中占有重要的一席，成为岭南文化中一个占有重要地位的亚地域文化。”

① 明代冯梦龙在《警世通言》中说：“从来说道天下有四绝，是为雷州换鼓，广德埋藏，登州海市，钱塘江潮。”

湛江傩舞中的雷公形象

第二，雷州半岛文化的基本特征。

岭南地处我国南疆边陲，北为五岭阻隔，南被海洋包围，古代陆路交通极为不便，航海技术有限，明清时期又长期推行“海禁”政策，形成了岭南较为封闭的地理格局。

雷州半岛民俗文化作为岭南文化的子文化，岭南文化所具有的特性与品质，在雷州半岛民俗文化中都可以找到相应的基因或要素。但是，由于雷州半岛民俗文化产生的具体地理环境是雷州半岛，所以雷府文化又有自身的特色和个性。

一是开拓创新。雷州半岛民俗文化之所以成为岭南民俗文化中一个占有重要地位的亚地域文化，最根本的原因在于它是独特的文化支系。这种独特性是开拓创新的结果，也是雷州半岛民俗文化具有开拓创新性的最好证明。

雷州半岛民俗文化的创始者，应该是生活在雷州半岛的原始社会的先民们以及此后的俚、僚、黎族等土著部落。他们最早在这块土地上生息繁衍。为了生存，他们要面对变幻莫测的海洋，要面对幽深的原始森林和遍地的荆棘，要面对随时袭来的猛兽、瘴毒和其他各种自然灾害，相对于他们手中简陋的工具，生存的环境是恶劣的。他们靠着简陋的工具，刀耕火种，渔猎谋生，创造了半岛最早的物质文明，也创造了半岛最早的精神文化。他们创造的图腾文化，如石狗文化、雷神文化等，至今是半岛居民文化生活的组成部分。这些文化在全国、全世界都是独一无二的，其独创性，播下了雷府文化开拓性和创新性的基因。如果说开拓创新对雷州半岛早期居民来说是恶劣的环境因素使然，更多地体现为一种不自觉的文化行为。但此后的居民秉承开拓进取的精神就不仅仅是环境使然，不自觉的行为，而是有目的、有计划的自觉的精神追求。

唐宋以来，闽南人就冒风涛之险搏击海洋，开展对外贸易活动。宋元时期养成崇尚工商的习俗，到了明清时期，在海上亦商亦盗，但遭到封建政府的强力打压。由于闽南一带地瘠民稠，为养家糊口，自唐宋至明清，一批一批的闽南人远走他乡。地理环境与之具有相似性的雷州半岛，始终是他们移民的重要目的地。进入雷州半岛的闽南人实际已经形成了敢于冒险犯难、勇于开拓的自立进取精神。在长达数百年的移民历史上，源源不断的闽南移民，给雷州半岛输入了具有冒险精神、开拓精神、创新精神等带有海洋文化特色的闽潮文化。移出地文化的特色，移入地土著文化的特点，新的生活环境的需要，多种因素交汇、融合、发酵，使半岛文化区的文化具有了更加鲜明的开拓性和创新性。

二是开放兼容。雷州半岛民俗文化是由多种文化熔铸而成的独具特色的地域亚文化体系。历史上，不同的文化支系不断进入雷州半岛文化区。半岛文化区最早的居民百越各部族各有不同的信仰和习俗，之间相互吸纳和融合，形成了雷州半岛民俗文化最早的源头。而中原文化也在源源不断地输入。楚灭越后，楚子熊挥受命镇粤，在雷州开石城，建楚豁楼以表其界，带来了楚文化；秦平岭南设象郡，带来了秦文化；至汉代，西汉伏波将军路博德平粤，略地至雷，带来了汉文化。而自唐代以来，源源不断的闽潮移民带来了闽潮文化，唐宋贬官带来了中原文化，和土著文化不断融合，构成了雷府文化最基础最核心的部分。此外相邻区域的广府文化，近代殖民主义侵略带来的海外文化，以及其他文化，都对雷州半岛民俗文化产生了不同程度的影响。

所以在雷州半岛民俗文化的形成过程中，表现出较强的开放性、兼容性。一方面，雷州半岛长期处于落后状态，形成了较大的文化注入空间；另一方面雷州半岛民俗文化本身就是多元性文化融合的结果。从土著部落之间，到土著部落与移入居民之间，从半岛文化区与相邻文化区之间，始终在进行文化的交流与融合。雷州半岛民俗文化开放性有两个极为典型的表现，一是兼容相互冲突的文化。比如有的部族视狗为神，崇狗，敬狗；有的部族则尚啖狗。最后两种文化习俗熔为一炉，崇狗啖狗，圆融兼通，并行不悖，可谓文化奇观。二是吸收贬官带来的中原文化。雷州半岛地处边陲，原为蛮荒之地，历来被封建王朝视为惩罚“罪臣”的首选之地，尤其是南宋以前。仅唐宋两代，被贬谪到雷州或途经此地的名人就不下 20 人。寇准、李纲、苏轼、苏辙、秦观、汤显祖等名臣贤相和大文豪们接踵而至。但是面对中原王朝的贬官罪臣，半岛居民不仅没有歧视，反而深为敬仰，把他们奉为老师，积极支持他们设学官，置书院，教化百姓，以吸纳中原文化，并因此厚泽整个半岛，流风余韵至今举目可观。因此在雷州半岛民俗文化的发展过程中，中原文化、土著文化、移民文化在半岛文化区始终呈现出相互兼容的态势，构成了雷州半岛民俗文化的一个显著特征。

三是敬神尊贤。雷州半岛民俗文化的一个突出特征是敬神尊贤。雷州半岛古为蛮荒之地，瘴疠之乡，恶劣的自然环境，使生活在雷州半岛的先民们，产生了对神灵的敬畏心理。而外来移民冒着千难万险，千里迢迢移居半岛，在前途未卜，生死难料的情况下，希冀神灵的护佑是心灵深处的冀望。敬神几乎是人类普遍的历史现象，但在半岛文化区，敬神却又有独特的表现。一是有各种各样的神灵，不同的神灵有不同的职司，不同的事项求拜不同的神灵。二是祭神的方式极富特色，其中游神，不仅郑重，而且规模宏大。历史上文化相对落后的半岛文化区，敬神活动不仅普遍而且世代相传，如今在现实生活中依然存在。

与希望神灵的护佑同样重要的是希望祖先的护佑。在背井离乡，漂泊天涯的过程中，回首乡关万里，既有失根的心理恐惧，也存在着祖先护佑的心理渴望。所以激发了移民牢记根的动力，形成了对祖先敬奉、对家族依赖的文化倾向。雷州半岛遍及城乡的宗祠，恒守不变的祭祖仪式，以家族为核心反抗压迫的形式，都是在尊祖旗帜下展开的。雷州半岛居民视为神灵的雷祖，性至孝，终父母丧始就仕，成为雷州半岛民俗文化中尊祖的榜样和典范，从而反映了半岛文化区居民普遍的文化心理和价值观念。敬神与尊祖并无本质上的差别，都有迷信色彩，也都表达着人们美好的愿望。

与敬神尊祖密切相连的是尚贤、重教、厚德。陈文玉作为本土出现的第一个名贤，就任雷州刺史后，励精图治、勤政爱民、致力化解族群纷争，使百姓安居乐业。民众尊之为“雷祖”，奉若神明，世代受民众供奉。宋代先后谪居雷州的寇准、苏轼、苏辙、秦观、王岩叟、任伯雨、李纲、赵鼎、李光、胡铨等 10 位名相贤臣，在雷州体恤民情，倡办教育，传播中原文化，促进了雷州半岛文化的发展，也深受当地人民的敬仰。虞应龙为示雷州人“敬贤如师，疾恶如仇”，乃建十贤祠以奉十贤。雷州半岛文化孕育出陈镔、陈昌齐、陈乔森等本土贤才，成为本地人的骄傲。

“贤人千古，浩气无涯”。贤人之贤在德，德在教化。雷州唐虞时代已通声教，唐宋时期，文风逐步盛行。从宋代寇准贬雷办起真武堂传授中原正音开始，半岛文化区先后出现了很多书院。代表性的古书院主要有宋代真武堂、浚元书院、濬元书院、元代海康学宫，明代雷阳书院、“应星书室”等。雷州明代书院之风大兴。明正德十一年办怀坡书院，嘉靖十三年办崇文书院，万历三十年办文会书院，崇祯九年（1636 年）办雷阳书院。史载清末民初的雷城就有书院学社 16 所，雷州府设有贡院，历史上半岛文教事业十分发达。古代书院教育的主旨是道德教化。所以，雷州半岛文化孕育出的杰出人物，多崇文重教，清正

雷州十贤祠

刚廉，勤政爱民，仕不忘儒，讲信修睦。

探讨雷州半岛民俗文化敬神尊贤、重教厚德的原因，一方面与生存环境、移民自身的特殊经历有关，另一方面，也与半岛文化区文化长期处于落后状态有关。蛮荒之地的阴影，摆脱落后文化的挣扎，从化外到化内的追求，形成了对文化的崇尚，对名贤的敬仰。

四是务实善变。雷州半岛居民主要是闽南人，为了养家糊口，克服重重艰险来到雷州半岛，他们必须有务实的态度，不墨守成规，不画地为牢，不自怨自艾，不妄自菲薄，自立自强，兼容并蓄，为我所用。所以雷州半岛居民虽然有较强的忠奸意识，但威权意识、贵贱意识较弱，士农工商，百业并作，重农不轻商更不贱商，讲究实利，善于变通。如前所述，崇狗与食狗本来水火不容，但雷民通过创造文化传说，轻松地通过了这道难关，而使两者并行不悖。

五是质朴雄壮。受自然、历史、政治、经济等因素的影响，它没有中原、江南文化的深厚、精致和华美，雷州半岛民俗文化是直率质朴的，是强悍而雄壮的。在雷州半岛民俗文化中，雷、狗、鼓具有特别的地位和意义。雷声滚滚，撼天动地；狗吠声辽远，此起彼伏；鼓乐喧天，震耳欲聋。所有这些，无不勾画出一幅幅直抒胸臆、雄浑壮阔的图景，展现出雷州半岛文化质朴雄壮的风格。这种质朴雄壮的文化，是对险恶的生存环境的精神对抗，是人与神无所顾忌的联欢，是对人的力量的奋力张扬，是对恐惧和苦难的消弭和释放，是对生存繁衍的执着追求，是对坚毅的人生态度的火热表达。所以，雷州半岛民俗文化气势磅礴、雄浑壮阔、质朴强悍，而少含蓄与阴柔。这种特征既是生存环境使然，也与雷州半岛文化区远离当时的政治文化中心，较少思想禁锢密切相关。雷州半岛文化区皇权意识、汉族中心意识、华夷之辨意识、贵贱意识都相对比较弱，思想束缚较少，文化表达往往不拘一格，酣畅淋漓，无所顾忌。

事实上，作为多种文化的相互融合的结果，作为半岛文化区居民历史创造的结果，它既有独特性，又包含着普遍性。它是中华民族文化园地里的一枝奇葩，是岭南文化的重要组成部分，岭南文化的基本精神品质，雷州半岛民俗文化毫无疑问都具备。只是雷州半岛民俗文化产生的具体环境的差异，以及文化创造主体的差异，形成了雷文化独具的特色。险恶的生存条件，落后封闭的文化环境，举家迁徙的历史记忆，失根的恐惧，挣脱蛮荒的内心追求，形成了雷州人对祖先的尊奉、对神灵的敬畏、对贤者和文化的崇尚，对开拓奋进、顽强拼搏精神的追求和沉淀，对开放兼容心态的习成和对人世美好生活的强烈向往。雷州半岛民俗文化作为多面体的亚文化体系，既有开拓性、开放性等积极的一面，也有保守性和封闭性等消极的一面。雷州半岛的地理位置和环境特点，对雷州半岛民俗文化保守性的一面的形成，有着非常重要的影响。在岭南的大区域内，雷州半岛远悬西南部，三面环海，不仅远离全国政治文化中心，也远离岭南政治文化中心，其地理上的封闭性和偏僻性更为突出。历史上，这片土地开发较晚，生存环境险恶，直到唐代以前，雷州半岛依旧是荆棘遍地，森林茫茫，猛兽出没，毒瘴遍野，台风、雷震、碱潮、干旱、虫灾、瘟疫等自然灾害也时有发生。所以雷州半岛长期被视为边远蛮荒之地、瘴疠之乡、化外之境，成为历代中原王朝贬谪官员的流放之地，也成为中原汉民的逃生之地。在这种封闭、偏僻的地理环境中生存，既需要开拓创新，又容易导致独处一隅，自我封闭。

雷州半岛民俗文化是以农耕文化为主的地域文化。农耕一方面提供了稳定的生活条件和文化创造的物质基础，另一方面也限制了当地居民看世界的视野，羁绊了他们走出雷州半岛、走向海洋的脚步。所以，尽管拥有长达1556公里的海岸线和许多优良港口，早在汉代就与海外进行经济文化交流的雷州半岛，却始终未能形成外向性、开放性的海洋文化，或者说始终未能使海洋文化走出农耕文化的羽翼，获得主导地位或者平分秋色的地位。因此，广东沿海地区的粤东、粤中，闽南都是著名的侨乡，但雷州半岛的居民大多固守家园。

综上所述，雷州半岛民俗文化是一个内涵丰富的多面体的亚文化体系，它是绚丽多姿的，五光十色的。以雷州半岛文化作为粤西的一个个性鲜明的文化区是毫无疑问的，鉴于雷州半岛民俗文化在粤西民俗文化中的地位，也毫无疑问地成为粤西地区民俗文化的核心。

（2）岭南三大民系文化是粤西民俗文化最为直接的旁系支流。

岭南三大民系文化指广东汉民族中的广府民系文化、客家民系文化、福佬民系文化，它们有着不同的方言和习俗。其形成有着历史的原因。广府民系文化：由于珠三角一带土地肥美，气候温和，水系纷繁，作物丰茂，为多层次的农业经济构架提供了有利的条件，又有得天独厚的贸易大港广州作依托，所以在两宋时代，珠三角洲的开发已初具规模，南宋时已成为岭南著名的粮食产区和经济作物基地，而明代后期已开始向商品化的方向发展。客家民系文化：客家人开始生活在四面封建割据的小王朝包围之中，基本上不与土著居民交往，长期过着以家族为核心的集体生活，宗族观念很强，多次迁徙和重建家园的劳动，培养了他们刻苦耐劳的性格和一定的“山地意识”，后与当地土著畲族部分融合，构成了客家民系。福佬民系文化是指操闽南、闽北方言的群体，地域分布为潮州、汕头以及海南岛一带，并有一部分由福建迁入粤西和广西。福佬民系的形成，是由当地土著居民古代闽越族人与两晋以来移入该地区的中原汉人融会而成的。

广府民系文化的特点主要是不怀旧，不拘泥于历史，富于冒险，勇于开拓，容易接受外来的新事物，又善于融合，消化，吸取，商品意识浓，价值观念强。精明能干，善变兼容，淡薄政治，讲求经济实效。这与其地理位置有关。

客家民系文化的特点是宗族观念强，富有团结心，喜爱唱山歌。有刻苦耐劳性格和一定的“山地意识”，念念不忘祖宗盛德。他们尊师重教，崇尚诗书，秉承了中原文化“书香门第”的特质。他们一向以读书为荣，以读书识字为“一技之长”。梅县被称为“文化之乡”。

福老民系文化的特点是有强烈的商品意识，富于冒险开拓的精神，博采众长。但有急功近利、行为短期化的弱点。潮州人喜爱喝工夫茶，听典雅富丽的潮剧。潮绣绣工精美传神，工艺品、潮州小食等表现潮州人精巧的手工。

（3）移民文化是粤西主流民俗文化的缔造者。

唐宋元明时期，粤西文化区开始形成。唐代开始，以闽人为主的汉人大量移入粤西尤其是雷州半岛。“唐朝闽南一批居民移入雷州，壮大汉人队伍，进一步开发雷州半岛。唐宋以后，外地移民大量迁入雷州半岛，主要来自闽南兴化府、泉州府和漳州府等地。明清时期，雷州府属海康、徐闻和遂溪三县，均有闽人迁入。他们主要从事农业生产和渔业等。”①移居到雷州半岛的汉人承袭了土著的图腾崇拜方式，将雷神作为求雨祭祀偶像膜拜礼敬。在半岛文化形成过程中，陈文玉是一个标志性的人物。雷州半岛人民对陈文玉深为敬仰和爱戴，尊之为“雷祖”，并建“雷祖祠”以为纪念。雷祖祠除供奉雷祖外，堂庑两侧又有雷神十二尊拱立，还有雷公、电母、风伯、雨师等诸神。百姓每年都在雷祠举行“开雷、封雷”的酬雷仪式，雷鼓、雷车、雷火是“开雷”必备之物，还有擎雷公、擎雷水、打雷沟、唱雷歌、演雷戏和斗雷等内容的活动。开雷仪式疑即是古代的“雷州换鼓”。而在这些丰富多彩的行为文化背后，还有人们对陈文玉作为雷祖形象的不断塑造。“犬报喜、雷霹

---

① 林国平，邱季端．福建移民史［M］．北京：方志出版社，2005：122。

雳、卵出身、掌有文是雷祖以奇而神万古者也”。狗成为雷祖陈文玉的呈祥灵物。崇狗与崇雷、人与神在雷祖陈文玉身上汇合，陈文玉成为聚合、生发半岛文化的第一个人间形象。陈文玉雷祖形象的出现，标志着雷以人神合一的身份切近了人们的世俗生活，并生发出半岛文化发达的根系。人们在敬拜雷祖之时，亦诚心地向祠前的石狗供奉香火，祈求为家门呈祥报喜。条条涓涓细流的汇合，初步形成了半岛文化。在一定意义上，雷祖陈文玉就是雷州半岛形成共同信仰和风俗的起点。在雷祖的身上，至少完成了土著部落原始信仰的融合、统一和升华。

唐五代之后，中原汉人与闽南人大量迁入粤西。北宋末年，被贬雷州的苏辙在《和子瞻次韵陶渊明劝农诗》的引言中说：“予居海康，农亦甚惰，其耕者多闽人也。”①到宋代，汉民已经成为粤西居民的主体。移民不仅使粤西的族群结构发生了质的变化，也推动了粤西大规模的开发。粤西的农业、手工业、盐业、渔业、采珠业、航海业等获得了全面快速的发展。尤其是到南宋，中原板荡，北方兵连祸结，偏处南方的粤西相对稳定，移民增加，农商繁荣、交通便利，已成富庶之地。道光时期修撰的《广东通志・雷州府》引宋《图经》指出：“州多平田沃壤，又有海道可通闽浙，故居民富实，市井居庐之盛，甲于广右。”②移民潮也带来了汉化高潮。大批的闽潮人移民携带着他们的文化与宗教信仰来到粤西，安身之处多建天后宫、天妃庙等，祭拜海神，希冀出海平安。这些带有海洋文化特色的闽潮文化，对粤西百越族的俚僚僮人产生了巨大影响，大部分俚僚僮人接受移民文化而汉化，并继续居住粤西。以闽人为主的汉族成为粤西民系的主体。其中迁雷闽人由于自然环境等因素的影响，也受到了半岛先民民俗文化的熏陶，对雷祖神明顶礼膜拜，对石狗虔诚供奉。

唐宋时期中原王朝的贬谪官员也是粤西文化形成的重要力量。寇

① 苏辙．栾城后集［M］．上海：上海古籍出版社，1987：1193。

② 司徒尚纪．岭南历史人文地理——广府、客家、福佬民系比较研究［M］．广州：中山大学出版社，2001：49-51。

准、李纲、苏轼、苏辙、秦观、汤显祖等名臣贤相文豪来到雷州，体恤民情，爱护当地老百姓，并设学官，置书院，教化民风，培养青年才俊。他们成为中原文化的传播使者与重教兴学的先驱。“十贤”及其衍生的文化现象产生了极其深远的影响。为纪念这些名臣贤士，雷民于南宋咸淳末年（1274年）创建了“十贤祠”。“十贤”分别是北宋宰相寇准、学士苏轼、侍郎苏辙、正字秦观、枢察王岩受、正言任伯雨以及南宋名相李纲、赵鼎、参政李光、编修胡栓。“十贤祠”内有南宋末年抗元英雄文天祥在雷州挥泪写下的《十贤堂记》碑文，文天祥称颂十贤功德，表彰雷州百姓“敬贤如师，嫉恶如仇”。文天祥本人也与雷州结下不解之缘，道德文章，高风亮节，厚泽雷州半岛，推动了粤西文化和半岛文化区的形成。

雷州“十贤祠”内的寇准像

流寓人带来的中原农耕文化，闽潮移民带来的具有海洋文化特色的闽潮文化，与土著文化交汇融合，彻底改变了唐朝以前以土著文化为主要内涵的粤西文化，汉化的粤西文化开始占据主导地位。

宋元之后，到明代，向雷州半岛的移民活动始终没有间断。明朝时期，政府推行军屯和移民垦荒政策，刺激了大批闽人和闽潮人移民雷州半岛。闽人大量涌入，带来的一个重要文化后果是，雷话形成。宋代之前，当地用的都是少数民族俚族的语言，此后与闽人的语言发生融合，以来自福建的闽语为基础，吸收当地土著语言的某些成分，逐步形成了一支新方言的雷话。一种方言的成熟与定型，意味着流行该方言地区文化体系的形成，也意味着雷州外来闽人本土化的完成。雷州本土化的闽人才是雷州主流传统文化的缔造者。从唐到明，雷州半岛的居民形成了共同的信仰、共同的风俗、共同的语言，从而创造了一种新的独特的地域文化体系——以农耕文化为特色的中原文化、具有海洋文化特色的闽潮文化、土著文化融合而成的雷州文化，同时也标志着粤西民俗文化的形成。

（三）粤西民俗文化的现实形态

粤西传统民俗文化事项纷繁复杂。按照法国的山狄夫在《民俗学概论》中提出的民俗分类法，这种民俗文化的现实形态可以分为物质民俗、社会民俗和精神民俗三大类。①

1. 粤西的物质民俗形态

所谓物质民俗是指人们在日常生活中所依赖和感受到的有形的实体性民俗形态，是人们在创造和消费物质财富的过程中不断重复的，带有模式性的民俗活动。粤西的物质民俗种类繁多，如宅居民俗（宅居“风水”文化、古村落文化、雷州石狗）、饮食民俗（雷州狗、大米乙、安铺鸡、太平灶蟹）以及服饰、持家、出行、生产方式等都较有特色。其中宅居“风水”民俗可以说是粤西较有代表性的物质民俗。

粤西人建造宅居讲“风水”，往往将住房与“家”的兴衰命运紧密相连。不少家族、家庭都希望自己能够发展壮大，光宗耀祖，为达到这

---

① 罗曲．民俗学概论［M］．北京：中国社会科学出版社，2010：4。

一目的，都设法选择有“风水龙脉”的地方建造房屋，因而形成具有浓厚民俗特色的宅居文化。粤西人在建房过程中十分讲究习俗节仪，从开始建造新居之前的准备工作直至落成进宅（入伙），有许多繁复的程序和规矩，如相地、破土奠基、升梁、筑墙、安门、盖瓦、入伙等，每一个细节都不敢有丝毫疏忽，一切都要严格按照传统俗规行事。粤西宅居民俗文化中最有特色的首推相地和入伙。相地是建宅居的前提，当地民居十分讲究屋地风水坐向，强调宅居要讲地势，要旺丁旺财。选择宅基一定要干净，忌用墓葬地建屋。建房必须避讳两种地方：一是大路直冲着房子的地方，俗称“路箭”；二是河道直冲着房子的地方，俗称“水箭”，箭能伤人，都是不吉利的。也不适宜紧靠寺庙前、祠堂后的位置建房子。

入伙也是最为讲究的一种宅居民俗文化。当地人入伙有进火种的习俗。古时入伙前先到当地有钱有势、财丁两旺的人家偷取火种，把火种接在院场的稻草绳上，再点燃各处灯火。火绳要连续燃烧三天三夜，以求旺昌。

入伙前，新居的所有门都贴上楹联。入伙一般选在凌晨，下午和傍晚是禁进的。入伙用具及物品皆取吉祥谐音。如箩里装有带鱼，取“龙鱼结（好）在尾（后头）”之意；有紫茄（“强”的谐音），即一年比一年强的意思；有灯一对（灯即是“人丁”的谐音）；有熟烟，豆豉（雷州话“时”“势”的谐音）等。到进宅时辰，由长辈领头，挑着装有以上物品的箩，口念“丁财两旺，富贵双全”，跨进新居。进入时的一般规矩是：由家长（男的）挑着或（捧着）点燃的新灯走在最前面，后面的人有的挑着米缸、水缸、柴、米、油、盐、糖、肉、菜、酒、饼，有的手持碗筷、锅、盆、瓢勺，每位家庭成员都要挑上或拿上一件家杂，切不可空手。按家庭成员的年龄辈次，先后列队进入新宅，意味着五谷丰登、六畜兴旺。

入伙当天，还要宴请亲戚、宾客，同族、同村、邻里贵人少不了也来庆贺热闹一番。从早晨起，亲戚朋友相继前来庆贺。亲戚来要有

“松糕粑”（俗称“发糕”，取“发财”之意），其他朋友可送钱物贺喜。送来的镜屏、壁画等必挂于厅上；送来的鞭炮，入屋时即行燃放；送来的三牲、果品之类，主人不能全部收领，要留下一部分回赠客人，意谓留有剩余，有来有往，常来不断。中午摆酒宴客。没有能力摆酒席的，也一定要有糯米糖粥，吃糖，表示喜事临门，此俗在粤西城乡至今仍很盛行。

粤西民众建新房入伙摆酒席宴请亲戚宾客

2. 粤西的社会民俗形态

社会民俗是指世代传承下来的社会成员在结合、交往过程中形成的习俗惯制，它是维护人与人之间相互关系的纽带，是一种集体行为方式。粤西的社会民俗主要有婚嫁习俗、节庆民俗（春节、年例、中秋、清明、端午节等）、民间祭祀习俗（雷祖祭祀、年例祭祀、吴川飘色、徐闻海祭）等。其中雷州半岛婚嫁民俗可以说是较有代表性的社会民俗。

雷州半岛人的传统婚嫁，也有着中华民族传统的内容和形式，如“媒妁之言，父母之命”、“三茶六礼”等形式，但由于受地理环境、历史渊源、政治、经济、文化及生活方式的影响，又有着本土自身的习俗和特色。随着社会的发展，不少纷繁的旧例也在改变，但古老的一些习俗仍在民间流传，这些习俗包括：睇屋舍、合八字、择日子，送聘礼、哭嫁、接新娘、拜堂等程序和形式。这些程序、形式大多与中原地区类同，但雷州半岛人传统婚俗中睇屋舍、哭嫁、抢鸡头、饮新妇茶、三朝回门等习俗也有与众不同之处。

睇屋舍是雷州半岛婚嫁民俗的一大特色。嫁女是决定女儿今后是否幸福的大事，女方和家人都想知道男方的住宅、家境和生活状况，在“媒妁之言，父母之命”的时代，女方了解男方家中情况，主要通过“睇屋舍”的习俗进行。一般是女方父母派人到男方察看，男方设宴款待，赠送来人红包。当今社会，自由恋爱已成主流，但介绍提亲仍占很大比重，仍含有“睇屋舍”的遗风。

哭嫁是雷州半岛婚嫁民俗的一绝。姑娘出嫁，是人生的最大喜事，本应欢乐，但在雷州半岛的一些农村却流行一种古老特殊的风俗——“哭嫁”，其中以东海岛最出名，叫“东海嫁”。旧时农村的女子多包办婚姻，没有自由，嫁人之后，命运难卜，面对旧势力又无法摆脱，便用“哭”来诉苦和反抗，久而久之，成了婚嫁的一个习俗，世代相传。过去哭嫁在雷州半岛农村很盛行，如今霞山、吴川、徐闻、雷州、麻章各地仍有流传。姑娘出嫁前数天躲在闺房，与女友唱哭嫁歌，有说有唱，内容多是与亲人离情别意，唱到情深，痛哭不止。哭嫁歌开头四句一定要含有佳意，以后怎样哭唱不论。概括起来，一哭自己、二哭父母、三哭兄弟、四哭婶嫂、五哭姐妹。传说哭嫁可给被哭者带来好运。哭嫁歌有一定的格式和韵律，如今发展成了湛江民间艺术的一朵奇葩，有的还赋予新的思想内容，在民间传唱。

拜堂后抢鸡头也颇有特色。不管新旧式婚礼，拜堂都是完婚的标志，粤西农村拜堂时有抢鸡头的习俗，拜堂的祭品中有一个煮熟的小公

东海哭嫁

鸡头，嘴含小红花，周围用染红的粉丝、针菜装饰，使鸡头高昂，象征祈求祖宗保佑生个男孩。在新郎新娘进行“三拜”过后，没生过男孩的围观妇女会一拥而上，抢夺鸡头。夺到者拿回家中夫妻同食，寄托生男孩美愿。当今城市的拜堂，在婚宴中由司仪主持进行，十分简单，大大减少了过去繁杂的环节，但在宴席中仍有抢食鸡头的遗俗。

饮新妇茶和三朝回门都是粤西婚嫁民俗中非常重要的程序。饮新妇茶是在婆家进行，婚礼的次日一早，新娘要用新的茶盘茶杯盛着糖茶，拜见家公家婆及家族长者，双手敬茶。新娘敬茶后，得到打赏，收到见面红包，也宣告新娘正式进入家族门第。

三朝回门在娘家进行。新娘出嫁第 3 天，必须返回娘家，也称“归”。大多数夫妻双双一齐回门，回门礼物必须有阉鸡、猪肉、礼饼、糖果之类。女家会把部分礼物分送亲朋邻里，表示女儿已出嫁，在婆家一切顺利。女家会杀鸡款待女婿，大餐后新人当天返回，并不留宿。现今粤西城乡大多不违此例。

3. 粤西的精神民俗形态

精神民俗是在民俗中占主导地位的民俗，又称为“意识民俗”，一般包括民间信仰、民间巫术、民间哲学和伦理道德等。粤西的精神民俗主要有：信仰民俗（如傩文化、石狗崇拜、雷神崇拜、妈祖崇拜、敬崇古贤等）、竞技民俗（如竞龙舟、遂溪醒狮、民间武术等）、艺术民俗（如傩戏、雷歌、雷剧、姑娘歌、木偶戏等）、娱乐民俗（东海人龙舞、高跷龙舞、醒狮舞、雷傩舞、蜈蚣舞、飘色、舞鹰雄）等。其中雷州半岛古老的“傩”文化可以说是较有代表性的精神民俗。

雷州半岛的傩文化主要包括傩舞、傩坛、傩仪、傩戏、傩面具、傩俗等民俗形式，它集信仰民俗、竞技民俗、艺术民俗和娱乐民俗于一身。以“傩舞”为例，其中最为原始的“雷傩舞”源自雷州古越族人对雷神的崇拜所举行的敬雷仪式。每年正月廿八日是雷首公的诞辰，村民设坛敬祭雷首公，然后抬着雷首公，戴着雷公、五雷公的傩面具，穿着五色衣服游村。雷首公左手拿凿，右手举斧，带着雷公、五雷公将到各家各户“遣灾”，各家各户庭院中都备有供品待迎，届时雷公、五雷公将排着队，在庭院中间踏跳傩舞。各家各户表演一番后，回到庙前广场，庆祝遣灾成功，气氛热烈高潮叠起。由于敬雷遣灾要逐家逐户地进行，又称“舞户”。

雷州半岛的傩舞不同县区各有差异。主要有“走清将”、“考兵”、“舞二真”、“舞六将”等。“走清将”流传于雷州市的城乡等地，于每年正月二十七举行，敬奉的是“雷神”或称“五雷神将”的马、郭、方、邓、田；“考兵”主要流传于湛江麻章区的城乡等地，于每年正月十五举行，所敬奉的是康皇及其部将车、麦、李、刘、洪；“舞二真”是双人舞，流传于吴川市大岸村等地，于每年正月初八至十五举行，所敬奉的神灵也是康皇及其部将车、麦二真君；“舞六将”则流传于吴川市博铺镇，于每年农历三月初一至初三，当地民众沐浴斋戒三天，俗称“三月三”年例，所敬奉的神灵是北帝及其部将赵、马、关、张、辛、邓。

粤西傩戏也是傩文化的组成部分。徐闻新寮岛路云村的《萝卜戏》、廉江石角镇的《解怨》都是师公戏，是将傩仪与说唱、舞蹈相结

麻章旧县村傩舞

合的大本戏，敬奉的是三清（上清、玉清、太清），尊三元（唐、葛、周）为祖师，基本保留着从巫书、神本发展起来的仪式戏剧，至今已有四五百年的历史。

从目前粤西发现的几个傩舞来看，所表现的对象和动作风格特点，可以分为两类：一是表现“五雷”神将的，显现出一股狞厉恐怖的威慑煞气；二是表现历史英雄人物的，表现出历史人物矫健骁勇的神韵和英武果敢的大将风范。傩舞的动作总的说来具有古朴、粗犷、夸张、悍勇、刚中带柔、柔中带刚、气势磅礴、威武神奇的特点，具有浓郁的原始色彩、强烈的生活气息和鲜明的地方特色。在大力挖掘、抢救、保护非物质文化遗产的今天，“傩”已不再是封建迷信的代名词。中华文明上下五千年，傩文化以其特有的宗教性、民俗性、民族性、审美性和神秘性成为中国文化的一枝奇葩，而粤西的傩文化，更以其鲜明的地方特色，独特的民间风格，璀璨绚丽的妖娆之姿绽放于祖国大陆最南端的红壤沃土之上。

（四）粤西民俗文化渊源——以雷州半岛麻章为例

在美丽的雷州半岛上，有一块古老而神奇的土地——麻章！它坐落于广东省湛江市西南部，东邻南海，南濒雷州湾，是湛江市四个市辖区之一。它是一块古老的土地，积淀了悠悠千年的文化历史；它是一块不屈不饶的土地，谱写了英勇抗法的浩气正义；它是一块神奇的土地，流传着扑朔迷离的神话传奇。“高山不语，自是巍峨；大地不语，自是博大”。今日之麻章，虽然没有赫赫盛名，却散发着独特的古朴与神秘的气质，任凭千年涛声拍岸，它依旧从容安详，繁衍生息，是喧嚣城市中人们心驰神往的一块世外桃源之地！走进这块土地，你可以领略它古朴的村落文化、奇特神秘的地方民俗，可以饱览原生态千奇百怪的自然奇观、惬意呼吸绿色田野的芬芳气息，还可以聆听当地居民娓娓道来的各种神话传奇。

美丽的麻章，神奇的沃土

1. 沧桑历史——辗转变迁的麻章浩瀚史诗

据史料记载，远在六千年前，麻章这块土地上就有了人类活动。战国时期麻章辖地属楚。秦始皇三十三年（公元前 214 年），派遣任嚣、赵佗平定南越，麻章归象郡所辖。汉代归合浦郡徐闻县所辖。三国初期属蜀，后入吴。南朝梁时归扇沙县和椹川县。

隋开皇十年（590 年），在该区域设铁杷县，辖地含今湛江市的赤坎区、霞山区、麻章区和遂溪县东部，县治在今麻章区湖光镇的旧县村。唐至德二年（757 年），改铁耙县为遂溪县，县治地址不变。宋开宝五年（972 年），撤销遂溪县并入海康县，县治随废。旧县村作为县治历经隋唐宋三个朝代共 382 年。

宋绍兴十九年（1149 年），复置遂溪县，辖地包括今赤坎区、霞山区、麻章区、东海岛和遂溪县，县治迁移今遂溪县城。景炎三年（1278 年）春，宋端宗（赵昰）在抗元斗争中，从水路逃到硇洲，设临时小朝廷。曾建兵营草舍 3000 间，安营扎寨以抗元保宋。福建和广东潮洲沿海部分居民随之南迁，后定居于今麻章、雷州各地。祥兴元年（1278 年）五月初一，宋端宗病卒，葬于硇洲岛赤马宋皇村西南，留有宋端宗赵昰的碑记。其弟卫王赵昺在硇洲继位，改年号为祥兴，升硇洲为翔龙县，属化州。祥兴二年（1279 年），宋转战新会败亡，硇洲作为县治历时两年。

及至元、明、清时期，今麻章所辖区域沿海倭寇、流贼骚扰甚多。明隆庆年间（1567—1572 年），为抵御倭寇，始建白鸽寨于调蛮村（今麻章区太平镇通明村），驻扎水师于此。白鸽寨为明清水师重镇之一，亦是当时南疆海防要塞。元、明、清时期，麻章辖区天灾频发（或台风或地震或咸潮暴溢或大旱），以至于该区域赤地千里，饥民流离失所，死者万计。此时期的县治所在地也具体不详。

清光绪二十四年（1898 年）二月，法国使臣吕班向清政府总理署送交照会，提出“在南省海面设立趸船之所”等四项要求。三月，清政府同意法国四项要求，答应将吴川县南三都（今南三岛）的广州湾几个小村落和附近海面，面积约 20 平方公里，租借给法国，作为停船趸煤之所，租期 99 年，范围待对该地查勘后商订。是年四月，法国海军准将福德、杜基吐鲁英以代表法国“接收”广州湾领地为名义，未待划界即强行在遂溪县海头汛（今霞山）武装登陆，占炮台，修兵营、拆民房、毁坟墓，奸淫掠劫，“挟兵占地”，向遂溪、吴川县内地扩展，激起以农民领袖吴邦泽（海头南柳村人）、冯绍琮（麻章长布村人）等为首的遂溪、麻章、吴川县人民抗法斗争，这场声势浩大的斗争长达一年多，为近代中国人民反帝爱国斗争史册写下光辉的一页。次年十月，清政府被迫与法国签订《广州湾租界条约》，租借地范围“北至三水门头，东至黄坡，西至旧县村（今麻章区湖光镇旧县村），南至大海，将硇洲，东海两岛全划界内”。租借地大大超过了原来吴川县属的广州湾的范围，海陆面积共约2130平方公里。其中陆地面积约518平方公里，统称“广州湾”。1900年，清政府正式批准《广州湾租界条约》。从此，广州湾沦为法国殖民地。此后，广州湾抗法斗争此起彼伏。

1943年，日本侵略军占领广州湾；1945年，日军投降，民国政府收回广州湾并改名为湛江市。麻章区辖地部分属湛江市郊区。1984年6月，东海岛4个镇从辖区划出组建东海经济开发试验区。1994年10月，经国务院批准，更名为湛江市麻章区。目前，麻章区下辖麻章、湖光、太平3个镇共265个自然村，全区陆地面积约478平方公里，户籍人口27.37万人（2010年）。

2. 文化传奇——从蛮荒到繁华的千年演绎

历史上，麻章这块古老的地域地处偏僻，远离帝都，被称为蛮荒之地，地域文化原始闭塞。然而，历经千百年风雨沧桑的洗礼，从蛮荒到繁华，从蒙昧到文明，这块土地在发展演变中不断书写着自身的传奇文化。

上古时代，在麻章这片红土地上聚居着古越族的俚人，他们以渔猎为生，过着刀耕火种的原始生活，文化生态主要是原始的俚僚文化。及至秦汉时期，军队南征给这片原始古老的土地带来了先进的中原文化。此后，每当中原爆发战乱，这个南蛮之地便成了中原人士的避难之所。而诸多落魄文人墨客也纷纷流落避难至此，为后人留下许多广为流传的故事和传说。例如，北宋名臣“寇准的传说”、宋代著名诗人苏东坡投宿东坡岭的故事、宋丞相李纲在楞严寺题写“湖光岩”和诗文的典故等。正是这些从庙堂之高跌落到江湖之远的中原人士和文人墨客，给这块蛮荒之地带来了成熟先进的中原文化。他们流落至此，沉潜意念，偏安一隅，身体力行，行教化，兴水利，勤政不息，笔耕不辍，从而使得中原文化和当地文化得以不断融合与发展。经过千百年的薪火相传，这块洪荒之地渐渐开化成一片钟灵毓秀的沃土，并孕育出诸多贤人才俊。例如湖光镇下埠村的纪应炎，宋嘉熙二年（1238 年）二甲进士，曾任南海知县，为官一身清廉，政绩修明，后人号称“南海先生”；湖光镇程村的程浪斋，宋朝廷赐进士，官至奉直大夫，与其子孙三代进士；太平镇庐山村的洪泮洙，清顺治十五年（1674 年）进士，著名的学者，编纂《雷州府志》和《遂溪县志》，曾任通政司主事和徽州休宁县知县，为民做过许多好事，并留下大量的诗文和美好传颂，后有“清世人龙”之称；战功显赫的清代名将窦振彪、抗法英雄冯绍宗、清乾隆年间富甲江南的韦士英、民国时期“一掷万金谈笑间”的雷州首富彭简修等……这些传奇人物故事和典故积淀了麻章历史的厚重，为麻章地方文化增添了浓墨重彩的一笔。

古老的土地孕育了古老神奇的地方民俗文化。地方民俗文化是一个地区历史演进与文化传承的结晶，是一个地区宝贵的文化遗产。它与历史共生，随时空流变，传承不息。麻章古代虽然曾受到中原文化的浸润，逐渐开化，但在这块曾被认为是“化外之地”、“烟瘴之区”的土地上，长期巫风盛行，“越人俗信鬼”的祭祀之风由来已久。由于长期受这种巫风的熏染，经过千年演变传承至今的麻章地方民俗文化依然带有浓厚的“巫文化”特征。例如“年例”文化：每年正月到五月，麻章区内各个乡镇，都会掀起热闹非凡的“年例”热潮，表演各种巫术（即民间艺术），有人龙舞、傩舞、上刀梯、过火海、穿令箭、翻刺床等，或是社戏、雷剧、游神、舞狮，通宵达旦，日日挂彩。不少村庄都定有本村的年例节日（几乎全年有节），且互不相冲。每逢节日，人们纷纷汇集而来，人山人海，丰富多姿而又神秘的民俗文化像磁石一般深深吸引着人们好奇的目光……这些古老而又带有神秘色彩的民俗文化赋予麻章一种神奇的力量！

提到巫文化，很多人首先想到的往往是装神弄鬼的那一套，尤其在

麻章调塑村的年例——游神与穿令箭

科学文明发达的今天，人们更是难以理解巫文化背后的积极意义了。然而，如果我们放下偏见，亲临体验这种带有“巫文化”特征的地方民俗文化，就会发现，事实上巫文化作为一种人类精神文明的早期印记，背后保存了许许多多华夏文明的母题，是人类童年时期的集体记忆中最为辉煌灿烂的部分。比如巫文化背后所蕴含的“天人合一”的理念，又比如巫歌、巫舞、巫戏等形式多样的民间艺术文化中多有蕴含对族人和亲人的幸福、健康、平安等美好的祈愿等。人们相信，这些带有“巫文化”特征的民俗文化都具有一种神秘力量，能确保自己得到神的祝福和庇佑，能让亲人获得安宁和吉祥。虽然这些民俗文化难免带有迷信的色彩，然而，如果将它们放到远古人类历史上来关照，也许你就会穿过纷繁的巫文化现象，站到人类和人性这个更高的层面上去理解人们对幸福、对健康、对丰收的深切渴望，并且进一步理解无论是先人还是作为后代的我们，人类所共有的渴望得到外力帮助和保护的这种人性深处的普遍愿望了。

神奇古村落，诉说久远的繁华与失落。麻章的古村落、古遗址，俯拾皆是，遗留下的皆是丰厚的历史。这些古朴的古村落、古遗迹景点，走过了千年蹒跚的历程，在落寞中诉说着久远的繁华与失落。

麻章的古村落、古遗址，俯拾皆是

3. 奇观奇景——大自然赋予民俗的“灵性”

神奇的麻章，地处雷州半岛南部，属山丘陵地带，属典型的南亚热带海洋性季风气候，四季如春，树木苍翠，繁花似锦。大自然的鬼斧神工，将火山喷发形成的火山口锥地星罗棋布，海滩银湖波光粼粼，自然景观和人文景观交织相映生辉，这些奇湖、奇岩、奇石、奇洞、奇谷、奇园、奇树、奇花乃至神奇的传说，都充满着大自然原生态的野性与粗犷，让人流连忘返。

湛江市著名八景，麻章区域内就有四景。特别是那碧海蓝天，滔滔浪潮铺展，恒古的节奏，催人奋进，使人心灵为之震撼。这块土地岁月沧桑，潮起潮落，生存在这里的人们，濒水临海，积淀了以水为依托的

湖光岩玛珥湖

生存文化。区内的奇景秀水溢彩流金，村落民居，濒水依脉；园林小景水榭生辉，古桥官道顺风顺水，渔港码头风和日丽，海滩生态奇光异彩，构成酷似一幅天南福海的水墨世界，演奏着一曲曲动人的旷世交响乐，无处不引人入胜，无处不令人神往痴迷。

一幅天南福海的水墨世界

湖光岩玛珥湖，是距今 14 万—16 万年前由平地火山爆炸后冷却下沉形成的玛珥式火山湖，湖深 400 多米。湖水在四周火山堆的保护下，不受外界水系干扰，长期自然沉积形成的湖底沉积层，是十几万年地球演变留下的“天然年鉴”和“自然博物馆”。自从它诞生之日起，就出现了许许多多的奇特现象，有神龟、龙鱼的传说，以及很多无法解释的神奇自然现象，至今还充满着神秘的色彩。

神奇美丽的湖光岩玛珥湖

“南亚奇园”为中国少有的热带、亚热带经济植物园，与湖光岩、金鹿苑形成湛江市的旅游“金三角”。植物园景色迷人，空气清新，四季花果飘香。在这里集纳了世界上千种热带植物，有众多的奇花异果，树木更是珍奇稀有。奇花异草，奇树香木，是缤纷的花卉世界，形成了一道亚热带的花木奇观。

大地迷离，近几年又发现了神奇的“火山谷”。大约在 20 万—5 万年前，麻章这块土地曾是火山非常活跃的地区，经过沧海桑田的变化，留下了古老火山遗迹，形成了千姿百态、多种多样的原始生态环境和独特的地貌景观，有交椅岭景区，中国最大的天然火山岩壁长廊；有称为“情人谷”的火山峡谷，让你称奇不已。

行走麻章奇景，可以领会到海纳百川，有容乃大的气势和胸怀，感受到这里在水一方的高深智慧和生命哲学，也可以感受到原生态的大美及隐居于此的生命奇观。中国道学精神特别尚柔崇水，老子说“上善

“南亚奇园”

天然火山岩壁长廊

若水，水善利万物而不争，处众人之所恶，故几于道”。水味十足的哲学，是孕育雷州半岛民俗文化的精神所在，在人们内心深处，在大自然补实无华的某个角落里，在半岛的自然风光和人文景致中，你完全可以体味到这种水味哲学的精神要旨，并感受到大自然鬼斧神工赋予民俗的“灵性”。

第二章　粤西民俗文化事象与濒危民俗文化——以麻章为例

一、传奇的古村落

（一）旧县村——绵延千年的“古县城”

旧县村是湛江市区内唯一的一个最古老的县城（铁耙县）遗址，距今已有1400多年历史，毗邻世界地质公园湖光岩景区仅1公里。2009年12月，旧县村以历史悠久、文化底蕴深厚、民俗资源丰富、村落建筑保存完好等特点，成为第二批“广东省古村落”。

旧县村所在地原是隋朝时期的一座县城，叫铁耙县，因该村建在古县城的旧址上，故名旧县村。历史的变迁，抹不去她昔日的威严与繁华。村中坐落着不少富有艺术风格的古民居大宅：红砖高墙，大门阔户，错落有致；特别是古宅檐牙高啄，勾心斗角，造型精美，建筑风格别具特色。之所以能认定为第二批广东省古村落，与该村在新村建设和旧村改造中，特别注意保护好古树名木、保护好古建筑和原生态，加强古村落保护分不开的。

铁耙县建于隋唐开皇10年（公元590年），是当时雷州半岛一大县治，唐至德二年（757年），改铁耙县为遂溪县，县治地址不变。直到宋开宝五年（972年），才撤销遂溪县并入海康县，县治在旧县村存

“广东省古村落”——旧县村

红砖高墙，大门阔户

续时间达382年之久。虽然铁耙县衙早已不存在，但旧址尚存，有不少文物得以保存。旧衙门建筑形态尚在，还有两具石狮和两口龙眼井在默默地诉说着当年的历史辉煌。龙眼井是当时县衙内的东、西两口井，两井相距 30 米，形似龙眼，西井内棱呈八面状，又称“八角井”，现两口井水还供村民饮用。

铁耙县县治旧址

沿原县衙往北，边一条青板石铺设的街巷，沿巷道行走，只见古巷两侧林立着高大的古屋，这是明清时期留存的古民居。这些古民居虽饱经沧桑，却风韵犹存。曾有民谣云：“八角井、中央巷、金九程，银九缸……”这里可能是古代的大户人家住宅区，相传县衙原就设在这条巷里。

旧县村现保留有完好的明清建筑 16 座，其中最具代表性的当算泰山府、彭氏宗祠及其后面的八座民居了。泰山府是唐代古庙，其占地面积 300 平方米，庙内文物丰富，具有较高的考古价值，早已是市文物保护单位。

彭氏公祠后的八座民居，每座占地面积 400~500 平方米，三进两院。每座民居的正房、厢房、门楼群的屋脊均雕龙刻凤，墙壁上还画着鲤鱼戏水、花开富贵等图案。整座房屋显得气势恢弘，从中既可看出当

宋代龙眼井

唐代古庙泰山府

时屋主的富有，又可看出明清时代我国已有高超的建筑艺术。

旧县村北面有唐代文笔塔遗址，此塔建造和圮废年代已失传。但“塔飞雷州”的传说在村中可谓“家喻户晓”。塔是不会飞的，此说之意，可能此塔圮废后，雷州才建造三元塔（雷州市三元塔建于公元

彭氏宗祠

1613—1615 年)，现古塔遗址周围还散布有石料构件几十块之多。唐代前之塔，多为方形石塔，文笔塔建在龙眼井东北制高点上，与传说之衙署相距较远，回避了“衙宇忌塔压”的古讳忌。据考究，文笔塔周围当时摆有石茶几、石案台、石凳等，当时一些文人墨客常云集于此，吟诗作对，抚今颂古。

宋朝古驿道从旧县村西边经过，古驿道上的石桥——铁耙石桥遗址尚在，铁耙石桥建在旧县村西边 1 公里处的铁耙溪上，是当时通往雷州、遂溪官道上的一座古桥。相传宋朝宰相李纲被贬雷州时，湖光岩楞严寺的宗师曾相送至此桥，留下宗师送李纲的千古佳话。

千年铁耙古城已消失了，但那些美丽的故事还在。当人们站在湖光岩狮子岭上，放眼西眺，可以眺望旧县村全貌，遐想当年古城的辉煌；千年古城，风韵犹在。

（二）庐山村——因庐山美景而得其名

在麻章区太平镇的北面有座条与江西名山庐山同名的古老村庄——

唐代的石茶几、石案台、石凳等

铁耙溪

庐山村，以民居典范，书香世代，儒家文化之美名盛于世。庐山村的先民——洪氏始祖于宋朝末年从福建同安迁到此地定居，至今已有七百多年历史，一直为当地洪姓世居，现有村民 2800 多人。古村落现尚存较为完整的古宅建筑群，古民居建筑艺术错落有致，各种石雕、石狗、古磨、古盘等装饰物各具特色。虽久经沧桑岁月，当年曾经辉煌仍略见一斑。可惜由于年代久远，欠缺修缮，这些古建筑残缺不齐，伤痕斑斑。现今大部分古宅已无人居住，村民大多围绕古村落四周及后山新建房屋居住。新宅与古屋和谐共存，相映成趣。

庐山村洪氏宗祠

据说该村名得来与一段传奇故事有关，元朝至顺二十三年（公元1332年），村民洪宗保进京参加科举考试，获殿试科甲第八名恩进士，留在北京任职，曾游览江西庐山，非常喜爱庐山的美景，返乡后取庐山作为村名，并在村的东、西、北面建三座卫戍村庄的闸门，遂取庐山的三个著名景点“虎溪”、“匡庐”、“鹿洞”作为闸门的名称。可惜，这些闸门古迹至今已荡然无存，唯有独特的村名及古老的民居仍留芳于世而已。

庐山村的自然环境确与一般村庄迥异。整个村落按中华民族风水文化理念构建，属典型的前塘后山村落格局：村口，几棵苍劲、枝繁叶茂

庐山村古老的民居

的古树代为迎客，亦向人们昭示着古村的年轮；村前有一口面积60多亩、泉水清澈的天然池塘，碧波荡漾，像一面巨大的镜子，映照着气势宏伟的古建筑群落，宛如一幅美丽的江南水粉画；村后的后山被一片原始森林环绕，大树参天，灌木茂密，分布着多种珍贵野生中草药。古民居掩映在青山绿水之间，风景秀丽，人文环境与自然环境交织构成了一幅天人合一的画面。村子四周还有无数大大小小的地下天然喷泉，泉水夏凉冬暖，清澈透明，清甜爽口，既可灌溉百亩良田，又可供村民饮用。村东北部海港一片红树林长年郁郁青青，海边野生动物千奇百怪，也是一片海上仙境，令人流连忘返。

村落环境如此秀美，完全得益于该村自古以来对环境生态的自觉保护。早在清朝时期，进士洪泮洙就订下过严格的制度："到庐山村挖一担番薯无人管，在后山折一树枝将受严惩。"正是这种严格的生态管理，为庐山村保留了良好的传统。当然，古代庐山村的生态管理意识并非现代的生态保护理念，他们是把村里的树木当作村庄的风水组成部分加以保护。

古庐山村所遗留下来的村址占地面积约一平方公里，整个古建筑群分为中间巷街、中东巷、东边巷、东广场、中西巷、西边巷、西广场等，在村落的东、西、北面建有三座特色的门，全村形成屋屋相通、巷

庐山村风景秀丽，古民居掩映在青山绿水之间

村后的后山被一片原始森林环绕，大树参天

巷相连的联防结构系统，盘旋有致，为天下一绝，今人叹为止观。

漫步古街老巷，观赏品味这里的岁月流逝，历史沧桑的痕迹，可以想象到昔日主人之富庶与显赫。古巷里一幢幢民居错落有致，既有徽派建筑艺术特色又结合本土民俗风格，正房、厢房和和照壁围着小天井，房舍院落层进叠出，并有迷宫式回环通道，在里面转来转去。其中较大的一座古民居，建筑面积达720平方米，有26间房4间厅，6个庭院。

古街老巷

村中最高大的建筑为“碉楼”——古炮楼，位于村中央，为村民防盗被险之用，占地面积900平方米，建筑面积两千多平方米，有房40间，可容纳700多人，并配备有水井、枪眼、瞭望台等设施。

庐山村为什么把房子建得这么高大雄伟，又布满枪孔呢？皆因该村古时的人特别有钱，地主竟然有50多户，主要是过村买地再租出，附近的村都有本村的地，以收租为主。因此，庐山村成了山贼特别喜欢光顾的地方，因此村里的房子必须建得高大坚固，才能更好地抵御山贼的袭扰。据村志记载，山贼每次来袭都是打着“火龙”来，炮楼建好后，站在炮楼上的人看到远处有山贼来时，就马上打更，“隆隆隆……”地猛敲鼓，大家听到后就全都跑到这座炮楼来避难，大家终于有个避难的安全地方。

在尚存的古民居里，荟萃了大量的木雕、石雕、石狗、古磨、石盘、屏风、壁画、家具等民间工艺的精华。各具特色的门有严密防敌机

迷宫式回环通道

高大并配备有枪眼的“碉楼”

关。在大门厅或隔墙处还几个独特枪眼，可以从里面捅出标枪，可见防守效果极佳。门廊立面装饰厚实，门箸、门匾、对联侧壁绘有风俗戏套故事的彩画或山水景色，门框、柱梁、柱础、栏干台阶等都用石雕，门前犹喜用石鼓、瑞兽等，所有这些装饰，富于家庭气氛，装饰精致，美轮美奂，以彰显一个乡村家庭的尊贵与气度。虽经岁月沧桑，仍可惊见这里曾金碧辉煌。

门廊立面装饰精致，美轮美奂

庐山村的确是一块风水宝地，人杰地灵，人才辈出。在古代，庐山村既是雷州半岛富豪财主的集所，又是人文蔚起的典范大村，历史文化深厚。经历元、明、清几个朝代，英贤辈出，在科举制时期，曾考上殿试进士、殿试一品、岁进士、恩进士、举人、贡生、庠士、禀生、增生等 122 人；出任知县、县丞、五品封春政大夫、赐赠谕林郎、通制、巡按、县训导、教谕等职达 77 人。尤为值得一提的是洪泮洙，他是清顺治年殿试进士，先后任职安徽、福建等省，为官期间，政绩颇著，老年还乡，除了参与陈瑸倡议募捐修筑东洋海堤外，还总纂《雷州府志》，编纂《遂溪县志》，是一个地方志专家，有“清世人龙”之美誉，有大量诗词留传后代，是明清时期雷州半岛著名学者。雷州名人进士陈瑸就是他的得意门生，他赠陈瑸的名句“岁序频催前辈老，江山留得少年雄”至今仍为村民所熟读。据悉，受洪泮洙影响，当年村中的大多数人都到外面打工拼搏，甚至还有不少“官后代”分布在广州、上海等地方。

庐山村第十一世祖洪泮洙像

庐山村历代都有重教尊商传统，对村内子弟教育堪称一流。自明清以来（因过去没有学校）村内先后成立六大书房，分别为：老书房、学古斋、松竹轩、六屋书房、九屋书房、五屋书房等，全部由本村老年名文人任教，不但学四书五经，还学历史古文、书法等，所以当时几乎达到教育普及的地步。庐山村为官者众多，许多有钱人家都巴望着要把女儿嫁到庐山村，甚至不惜为乘龙快婿购买大量田产，以支持女婿苦读功名。这是庐山村大量出现外出任职人才的关键之所在。庐山村人还比较有经济头脑，生产出来的农产品吃不完，就拿到外地卖，从而走出了一批生意人。据说，湛江市霞山区的洪屋街，就是因为庐山村人到那里做生意，慢慢形成一条街，便以庐山村人的“洪”姓命名为“洪屋街”。而今，洪屋街的“洪姓”已发展到数百人。

庐山村因洪宗宝游江西庐山而得名，因族人洪泮洙和留存的数十间明清古建筑而闻名。现代游人走访庐山村，或穿过被荒草遮掩的青石板路，抚摸着粗糙坚硬的古砖，仰望那飞扬的檐角，感受那曾经的辉煌；或走进一间间古屋，近距离感受这些建筑的魅力。但如今，不少古屋已经荒废，罕有人至，小路上长满了杂草和树木，草把脚面都淹没了。昔日的气派已化作断壁残垣，草木萋萋，大风吹过，地上的枯叶漫天飞舞，更添一份落寞清冷。惊叹和惋惜之情让你油然而生：村中房屋形制之宏大，雕琢之细致，让人为之惊叹，这是雷州历史文化的缩影，是湛江人民的宝贵财富！同时，由于岁月变迁，沧海桑田，村民逐渐迁出老宅，往日的琼楼玉宇让鸟兽虫蚁占据了，让荒草树木湮没了，房屋变得破旧、脆弱、不堪一击，有好几处房子已经出现大面积坍塌。对照前些年所拍摄的庐山村照片，今天的庐山村显得更破落了，壁画剥落，房梁折断，围墙坍塌，它的濒危现状让人痛心。

笔者认为，庐山村具有打造成湛江历史古迹景点的潜质。或依托该村建设一座湛江古村落博物馆，或与旧县村一道建成“唐、宋、明、清民俗古居历史博物馆，将其打造成为湛江市传统文化教育基地。同时，利用麻章区的地理资源，将区内的火山谷、亚热带研究所、湖光岩、古村落古民居等景点结合在一起，建设一个较大规模的生态文化旅游景区，这都是可以规划和设想的。

（三）调塾村——历史悠久的传奇古村

调塾村是麻章区第一大村，有750多年历史，现有村民6000多人。该村还是个革命老村，百年风雨——从抗法斗争、抗日战争到解放战争，村民都作出过很大的牺牲和贡献。该村有三大特点，村史奇、民俗奇、景致奇。

往日的琼楼玉宇让鸟兽虫蚁占据了，让荒草湮没了。

1. 传奇的建村历史

关于调塾村的建村史，多与神奇的传说有关。相传以前调塾一带环境恶劣，后来在神仙的帮助下，变为美丽仙境。过了不知多少万年，从北方福建莆田县来了梁族始祖梁应雷公（名讳：梁文林）。应雷公授雷州路通判，初来此地，看到眼前是鱼米之乡的沃地，龙脉秀丽，局势堂皇，案山崇拔，明堂宽阔，基址平夷，是一块风水宝地，认为此地必定物华天宝，人杰地灵，可以创业，便赶紧安营扎寨，就地开基立业，至今将近800年历史。调塾村的传奇又多与神庙传说有关。

（1）传奇的“玄坛庙”。“玄坛庙”又名“邦主庙”，是该村的立村之庙，庙址设于村前西南边，大约宋咸淳年间便有了该庙，至今700余年。据传当时该村开基先祖应雷公在居住地（原庙地）见一黑虎现出原形，便大喝一声：“汝乃何方神圣，如果是正神，请遁去，我等日后当建宫立庙供奉于你，尊汝为村中掌邦主神。”语毕，黑虎遁去，继而发现一石香炉。过后不久，经水道又浮来古樟树木一截，正合雕刻神像之用。于是便于该处建庙宇，雕刻神像供奉，受村民朝拜。这一神奇传说，也印证了调塾村艰辛的创村历史。

“玄坛庙”

“玄坛庙”后来的发展历史也带有传奇色彩。“玄坛庙”之所以又叫“邦主庙”，皆因玄坛公（即赵公元帅）是本村诸神的统领，被尊为掌邦恩主。相传“玄坛庙”原只有玄坛公一神，清嘉庆时期，为了镇恶避邪，村民又请来正一灵官马元帅（又称华光大帝）入庙坐坛，与玄坛公共同维护一方平安，因而尊为护邦恩主，自此便有了“邦主庙”之称。到了民国时期，地方流行瘟疫，村民特地从麻斜“罗侯王庙”请来“罗大侯王”（又称“炮台公”）消灾避邪。（“罗大侯王”是地方神，主祀于湛江市坡头区麻斜的“罗侯王庙”，当地人称之“大王公庙”，因清朝曾在此设炮台，故又称“炮台公庙”。罗侯王名叫罗郭佐，是宋末元初时期朝列大夫、化州路总管。罗郭佐出生于广东石城县（今廉江市），祖父罗廷玉为石城主簿，父亲罗嗣宗为石城知县。罗郭佐及其两子罗震、罗奇，孙罗元珪，曾孙罗仕显五人为平定海寇，海上遇袭，骂贼而死，后人尊之为“罗五节”，并在元朝至正年间建庙纪念。罗大侯王供祀“玄坛庙”后，与玄坛公、灵官公一齐供族人顶拜，成了现在一庙三神的景观。

陈昌齐亲笔题写的“邦主庙”遍额

1996年经族人捐资重建“玄坛庙”，同年农历十一月二十四日进宅(入伙)，庙内供奉着玄、罗、马三圣及玄坛公部将扒猖、扒狂。重建后恢复原庙名“玄坛庙”，并用大理石制成“玄坛庙”遍额挂于新建庙门上方，原“邦主庙”木匾移入拜亭悬挂，并尊该庙神衔为“掌邦恩主玉府玄坛金轮都督道相赵真君”，玄坛公神像是由一条重1.05吨，内径宽1米，长2米的古樟树雕刻而成，宝像身高1.79米，重700多公斤，据称为南亚洲实木雕刻的道教神像之最。

（2）南天宫和“南天婆”传说。南天宫又名后宫，建庙朝代不详(有说建于明永乐年间)。南天宫庙址原是一片茂密森林，只有一块石碑，上写着一些字，后来有祖先请南天婆现形才建庙。南天宫庙址是一块风水宝地，位于调塾村后的来龙岭，坐北向南方向。此地就风水学来说，地势有点像“龙地势”，也像“凤地势”，也有人说是“蜈蚣地势”。两边树林围绕着南天宫，地势险峻，取大塘、李家为护手，合水分明，确实是一块风光旖旎之地。南天宫主神叫“南天婆”，俗称“二月婆”，神衔为“郡主敕赐南天闪电火雷夫人”，神诞是农历二月十二日。每逢盛诞，也是调塾村女儿回娘家的日子，宫前车水马龙，人山人海，有本村的，也有外村的，更多的是嫁到外村的妇女们，她们和丈夫带着孩子，从四面八方回到生养自己的村庄，人们从车上取下自家养的肥鸡，在庙前宰杀后拿回娘家清洗煮熟，再拿到南天宫祭祀，以祈求一家平安、生活幸福。据说不属于本村也可以来拜，只要你有诚心就可。而且邻村来拜南天婆的人还挺多的，有遂溪、赤坎、霞山等地的信众。一时间，信男信女云集，有演木偶戏的，有唱雷歌粤剧的，有写大字的，还有小贩的叫卖声声，热闹非凡。

南天宫庙

南天宫何以如此受人崇拜，香火常年旺盛不衰？据民间传说“南天婆”很“灵”，只要香客心诚，问啥知啥。当地有这样一组传说：南天宫有三座铜香炉被人盗走后，村里人就请南天婆上身问神，神说香炉被盗卖去了遂溪××店，村民去遂溪查果然在那里，村干部将它们赎了回来；又有一次，连南天婆神像都被盗走了，村里人就在庙里问神，神说：“被人盗去拜祭了”，于是族委会讨论决定设法把神像再请回来；农历二月十二杀鸡祭祖，也是缘于有关“南天婆”的一个美妙传说：梁氏始祖在此开基前，有女神南天婆占住现庙址，其手下有二将，嗜食生灵。调塾村太始祖向雷公祈祷，每年农历二月十二日，以公鸡血祭之，并说服南天婆二将不再食生灵。从此，调塾村风调雨顺、岁岁平安。以后，调塾村凡有女出嫁或娶媳妇，都要准备一对公鸡，于农历二月十二日在南天宫前杀血拜祭，以求保平安。四乡邻女子也都依此习俗。据了解，农历二月十二当日，调塾村民祭祀杀鸡的数量平均每户就有十多只，这一天，用来祭祀的鸡就有数万只以上。

调塾村民杀鸡祭祀“南天婆”

2. 神奇的民俗文化

神奇的民俗文化是调塑村的一大看点。调塑村历史悠久，村民生活富庶，人杰地灵，民间信仰及对文化生活的追求强烈，为民俗文化的存在与承传发展提供了肥沃的土壤，从而创造了丰富的民俗文化。再者，调塑村有众多民俗信仰场所，村中有 5 个神祗庙（玄坛庙、南天宫、天后宫、华光宫、二帝庙），7 个境主庙（又称土地庙：众乐境、福安境、中兴境、中和境、资生境、西安境、育贤境），1 个梁氏宗祠，1 个文化楼，也为民俗文化表演提供了丰富场所。

调塑村最隆重的民俗文化是正月十八年例大游神。每年农历正月十八，外出工作的村民都会回村过年例。游神于当天八点起游，同宗兄弟的梁氏村庄，也组织游神队伍都到调塑村大宗的玄坛庙相聚，他们面向“邦主庙”，并有十班鹰、狮、雄、龙班共舞朝圣拜神，期间，有“穿令箭”、“颠神”等媚神活动，场面十分壮观。然后一起游到梁氏宗祠，人神共乐，依依相别后，各村游神队伍回本村欢庆元宵，场面十分感人。

各村游神队伍都到玄坛庙相聚

留下调塾村的游神队伍接着隆重游街，到各家各户为“摆醮”的村民祈福。游神到中午两点后，在调塾村的戏楼前举行舞狮、舞鹰雄、舞龙、打功夫等民俗表演，到晚上九点多，便燃放烟花炮竹，炫彩满天、五光十色。深夜了，游神队伍最终回到玄坛庙，安神后，一年一度的调塾村年例游神圆满结束。

游神队伍到各家各户为“摆醮”的村民祈福

期间，调塾村年例民俗表演十分精彩，堪比专业文娱演出。民俗表演队伍主要由：鸣锣开道队、旗帜队、标牌队、飘色队、仪仗队、锣鼓队、神轿队、吹手队、舞狮队、舞鹰雄队、舞龙队等组成，另外还有指挥、放炮、安全、后勤等人员协助，游神队伍经过的地方，都燃放鞭炮，意为迎神。

随着鼓乐鞭炮齐鸣，由村里健壮的小伙子和姑娘们组成舞龙队将龙舞起，一青一金两条巨龙，在龙珠的引领下上下翻飞。双龙戏珠、游龙戏凤、金龙抱柱、逗珠滚龙，寄寓了来年的日子火火红红，精彩的游龙博得围观村民的阵阵喝彩，紧接着村民在广场中央点燃鞭炮，六头色彩斑斓的醒狮争相逐炮。狮头加入了喜、怒、哀、乐、动、静、惊、疑等各种神态，舞动起来，就像一头活生生的狮子。几个大狮子欢腾跳跃，

舞龙队在表演

辗转腾挪，为调塾的年例平添了许多喜庆和热闹。调塾村有自己的醒狮队，而且在当地很有名气。醒狮作为勇敢和力量的象征，村民认为它们能驱邪镇妖，具有保佑人畜平安的功能，因而逐渐形成了在元宵节时及其他重大活动都要舞狮的习俗，以祈望生活吉祥如意，事事平安。

放眼望去，在村民们请出的神轿上面，也早已站满了穿令箭人。调塾村穿令箭人数量之多让人惊叹，居然有 20 多人。据说，调塾村的穿令箭并没有什么特别要求，只要男丁们自己愿意，虔诚地拜过神像之后，就可以由村里有经验的老者为其穿令箭。

调塾村的年例民俗历史悠久，具有浓厚的民族风情和乡土气息，富有神秘色彩，为弘扬中华传统节日优秀文化，打造麻章民俗年例特色旅游节庆品牌，为广大市民带来多姿多彩、原汁原味的民俗文化献上了精彩的文化大餐。

农历二月十二是调塾村“二月婆节”。节日当天，调塾村出嫁的女儿纷纷回娘家的“南天宫”祭祀“南天婆”，形成了独特的“南天婆文

调塾村的醒狮队在当地很有名气

神态生动的醒狮

化节”：一大早，座落在村外的南天宫便人潮如涌，宫庙内外，香火缭绕，炮竹声声，人声鼎沸。旁边的空地上，搭建了一座临时舞台，村里请来的戏班正演出雷剧，这是重头戏。当然，舞狮舞龙和一些民俗表演

神轿上面站满了穿令箭人

也是少不了的。放眼望去，停放在村道旁的小汽车一辆接着一辆，不见尽头。过去，调塾村女子回娘家使用的交通工具大多是单车，然后发展到骑摩托车，现在，随着生活水平的提高，很多人是开小汽车回娘家的。女儿们风风光光地衣锦还乡，已成调塾村一道亮丽的风景线。

3. 奇妙的古村景致

调塾村的景致独特而奇妙，是其他村庄少见的，这与调塾村悠久的历史和地理环境有关。

（1）神奇的"黑土地"和地热田。调塾村有一块黑色泥土的湿地，在号称红土地的雷州半岛，兀然地出现这样一块面积不算小的"黑土地"，显得格外引人注目。这块"黑土地"位于调塾村西南部、古河村东边，北靠调塾岭，四面是山坡，中间一片低洼地，"黑土地"就在低洼地中间，呈长形，有上千亩，当地人叫做"西洋塘"。"黑土地"泥土呈黑色，村民都用该泥土当花肥。据村民介绍，该泥土的水土酸性大，用氨水拌土粒就能成土化肥。

南天宫人潮如涌，香火缭绕

千亩黑色泥土的湿地

雷州半岛独特的地理环境和气候条件，孕育了沿江、沿海众多大片的沼泽湿地。在众多沼泽湿地中，麻章区调塾村“西洋塘”湿地与众不同。尽管它们大都已经被开发成鱼塘，但沿着堤基一路走，还可看到与雷州半岛泥土完全不一样的黑土，这些黑土大多夹杂木块，有碎木屑，也有粗木条。看来这片黑土是由森林腐植质所形成的，当地在远古时期应该是一片原始森林。

由腐植质形成的黑土揭示远古时期应该是一片原始森林

早些年，调塾村“西洋塘”大湿地由于无序开发，千亩湿地已变成了百口鱼塘，被私人承包，经营养鸭养鱼。经过开发后的大湿地，茫茫原野不见牛羊，不闻鸟语，原生态的自然环境不复存在。后有学者向村民提出，湿地能为人类提供赖以生存的生态、经济，称作地球之肾；能在缓解洪水，保护珍稀物种和迁徙动物等方面起到重要作用，保护湿地是保护自然环境的重要组成部分。随着国民经济的发展和人民生活水平的提高，村民开始认识到，湿地已成为一种观光旅游和生态保护及生态农业的资源，于是对于这片“黑土地”有了保护意识，减少对大湿地的不合理开发利用，让它成为一道亮丽的风景线和旅游特色品牌。

这片“黑土地”有一条调塾古河，古河床是一望无际的地热田，泥土是黑色的，田上经常冒出热气，这些地热和黑土可作旅游开发及商业、医疗用途。

调塾古河床是一望无际的地热田

（2）奇特的梁氏祖墓群和“石轿墓”。梁氏祖墓群位于霞山区岑擎村村前的牛娘岭上，占地800多平方米，保留有梁氏故祖梁一公墓、故考梁文林墓等一批梁氏祖墓。这些祖墓历经元、明、清三代，最早距今730多年，已属历史文物。更值得注意的是：墓园内有三座“石轿墓”，是用石块砌合而成。《湛江市文化志·市区古墓葬一览表》有载，调塾梁氏祖墓的“石轿墓”式样为世所罕见，它与“石板墓”即“石棚”近似。据《中国古代建筑辞典·墓葬》注释：“‘石棚’是新石器时代晚期和青铜时代的一种墓葬，又叫‘石桌坟’。即在地面上竖立四块石板，上面再盖一块石板，作为墓室。”但是，调塾梁氏祖墓群中的“石轿墓”不是“在地面上竖立四块石板，上面再盖一块石板”，而由九块石块入榫组成。更为奇特的是，调塾梁氏祖墓群中的“石轿”不是严格意义中的“墓”或“墓室”。“石轿”不是装殓尸体的棺材，而是套在棺外的外椁。古代棺木有两重，外曰椁，内曰棺。梁氏祖墓的形样是椅子坟，这是较常见的。但它加上了三座石椁，成为石椁椅子坟，这就别具一格了，构成了丧葬习俗中颇具特色的文化形态。值得一提的是，墓碑的纪元刻着："宋至元十九壬午"、"宋至元二十癸未"等字样。至元不是宋朝的纪元，而是元世祖的年号。在元朝的年号上加上"宋"，仍坚守着他们那一份朴素的民族操守。这一切都值得我们珍惜，应列入历史文物加以保护。

梁氏祖墓群中的"石轿墓"

(3)"借园"与古刺桐树。调塑村有一个"借园"，是非常别致的农村生态公园，在那里可以领略"借取田园景，清幽别有天"的休闲舒适园林景色，是城乡居民休闲旅游的好去处。"借园"占地约2000平方米，布局奇妙，巧借四周田野风光入园，正是远近俯仰皆收眼底，乃得"借园"之名。"借园"虽咫尺之地，但清幽奇逸，引人入胜：园内建有亭台楼阁，小桥流水；以野生药用植物为主，兼有南方乡土树种，翠竹成林，古树参天，野藤攀绕，果树幽深，奇花异草，令人目不暇接。亭台楼阁掩映在一片翠绿之中，使君亭临池而筑，亭亭玉立，幽雅舒适，成为人们下棋、聊天、乘荫避暑的好去处；池溪交汇，云水互照，巧缀成趣；而云水阁则珍藏着借园主人公罗伯尊老先生的墨宝及名家、友人的诗文画轴。

“借园”的使君亭

“借园”的植物达 72 个科、155 种，是一座名副其实“植物园”、“中药园”。尤其珍贵的是，在密林深处还有棵古刺桐树，该树历经了 750 多年的风雨沧桑，如今依然傲然挺立，茂密成荫。该树高约 10 米，树径要几个人手拉手才能将它围挠。树干上还寄生着小榕树、朴树等。树身长着许许多多犹如雕塑般的老茧，仿佛记录着数百年来人间的沧桑。

调塾村是一个古老的村庄，它有古老的民俗和文物，有神奇的风土人情。调塾人懂得惜古，对传统文化、文物保护得好、传承得好、利用得好。但惜古而不拘泥古，在现代生活、现代经济、现代观念上与时俱进。今天的调塾村，多种经济蓬勃发展，村办企业应运而生，集体经济收入甚丰，新农村建设卓有成效。走进调塾村，崭新的楼房一排排拔地

700 多年历史的刺桐树

而起，水泥路四处延伸，直至把整个村庄覆盖，新时代的农村气息非常浓郁。在这些新建筑中，夹杂着一些历史遗留的零散古建筑，造型大都很奇异。调塾还建有敬老院、卫生院、小学、菜市场等。村办的 2 所小学，在校学生 800 多人。现在，调塾村已成为村风淳朴、村容整洁、道路宽敞、生活富裕、民主和谐、文明礼貌的社会主义新农村。

（四）通明村——引人入胜的特色文化村

通明村位于麻章区太平镇最南端的通明港，又叫通明港村，是湛江市首批“特色文化村”，2015 年又荣获第二批“广东名村”称号。通明村是行政村，下辖通明村与店坡村两条自然村，总人口 6000 多人。村内文物史迹遍布，拥有白鸽寨、通明港等军事文化历史遗址，保存着有 400 多年历史的“宣封庙”，庙内文物众多，属于湛江市文物重点保护单位。村内保存许多有价值的文物古迹；还有广东省二级渔港——通明港，以及连片的红树林，是湛江市一处难得的旅游观光及寻古之地。

村中硬底化道路环绕、贯穿全村，村容村貌整洁，乡风文明。村民以渔业为主，农商为辅，养殖虾池也有千余亩。村中妇女编织草席极具特色，村民经济来源主要靠出海捕鱼为主，每至讯期渔归，港口热闹非凡，各类鱼贝、大虾、海蟹等远销各地。

古老而尚新的通明村

通明村有悠久的历史，村址原是明朝水师白鸽寨所在地，现在还留下许多文物古迹，如宣封庙、六角大井、惜别碑等。通明村由军屯成村，村民多是原清军水师的后裔，因而姓氏庞杂，最多时期达 57 个，现在还有 43 个姓氏，如此多的姓氏汇聚一村，和睦相处，在全国也属罕见。通明村最值得玩味的是文物古迹、民俗文化、自然风光。

1. 昭示历史文化的文物古迹

通明村是一个文物丰富的古村。该村的文物主要来自二方面：一是明清水师白鸽寨留下的遗址和文物，二是渔民出海捕捞拾获的文物，可分为四类。

（1）白鸽寨遗址及文物。

白鸽寨，又称白鸽水寨，位于麻章太平镇通明港村，是明、清两代雷州府水师驻防地，亦是当时南疆海防重地，因其地理位置险要，属于当时的海上军事要塞，故被称为“郡城左臂”。雷州半岛在元、明、清时期，沿海倭寇、流贼骚扰甚多，麻章所辖区域通明村一带三面环海，更是倭寇、海盗最猖獗的地方。明隆庆年间，朝庭为抵御倭寇，派兵到雷州半岛，开始在通明港建水寨扎驻水师。据考究，白鸽寨初设时，通明村还未形成，并无寨城，兵不离船，依水结寨，静则演习，动则巡弋。到万历十四年（1586年），把总童龙开始在此筑堂门，建关帝庙和天妃庙。再到万历三十七年（1609年），明代第十四任水师“钦依把总”续蒙勋（处州府人，官阶五品著名抗倭将领），携带家眷驻扎白鸽水寨，在附近2公里范围内修建屋宇、班房、书室，还修建起罗星亭、问津亭、济川亭和菩提桥（可惜因年代久远，保护不善，这些亭宇、石桥现已无存在，尚有遗址为证），召集民居，屯聚为市，从此白鸽寨人来车往，商业繁盛，始成通明港村。

白鸽寨遗址

到清朝顺治十三年（1656 年），高雷廉总兵陈上川见白鸽寨无城堑可守，雷州郡城大受威胁，乃出资修筑了城墙。康熙三年（1664 年）受“迁海”影响，白鸽寨及方圆五十里共 133 条村庄被迫迁往内地。在此情况下，白鸽寨水师驻地也于同年迁离通明港，移驻徐闻县的海安所。直到康熙八年（1669 年），沿海形势得到缓和，“内迁”之各村村民又陆续回到故里，迁驻海安的水师又重驻白鸽寨。

清朝中期以后，白鸽寨水师的作用进一步削弱。嘉庆十四年（1809 年），白鸽寨水师降格到由千总（正六品）率领。到了道光年间，白鸽寨定额兵员只有 35 名，仅为明代初设水寨定额兵员 900 名的二十六分之一。由于商人及水兵后代的居住增多，昔日的水师重镇白鸽寨终于变成了姓氏众多，以捕捞为主业的沿海渔村。

昔日的水师寨军港旧址

（2）宣封庙与康熙宣封。

宣封庙位于通明村东南角，由白鸽寨把总童龙所建，续蒙勋重修。庙宇为砖柱抬梁工结构，三殿二拜亭，面积 591. 6 平方米，前殿三进三开间。宣封庙正殿供奉木雕天后像2樽，后殿供奉木雕关羽像和关平、周仓像。一庙祀二神，反映此地既是沿海渔村又是古代军队驻地的特点。宣封庙的庙额“宣封庙”为康熙皇帝敕封，相传有一段神奇故事，据记载，康熙年间，康熙帝沿海巡视到雷州，海上突遇危难，忽然空中两女神手撑玉扇现身，对康熙龙船扇了三下，海面即刻风平浪静，龙船脱险。康熙帝叩问仙号大名，只见祥云中出现两只白鸽，口衔玉扇并现“白鸽寨”三字，展羽飞向西南。康熙帝深思片刻顿觉明白：莫非西南方有白鸽寨，寨内祀奉两女神？后来康熙帝查得雷州水师重镇白鸽寨有庙，除祀奉关圣帝外，还祀奉冼夫人和妈祖两位天妃女神，即下旨宣封白鸽寨两位女神为“护斗护国庇民齐天圣后”，并赐名为宣封庙，要求修葺一新。

有400多年历史的“宣封庙”

传说当然富于神话色彩，无可考究，但“宣封庙”封赐匾额确实存在。目前全国范围内关公妈祖居于一庙的庙宇只有三间，其中一间就在通明村。这可见该村的丰厚文化底蕴，也从侧面反映出通明村43个姓氏百年来都能和睦相处的淳朴品格。

康熙封赐的“宣封庙”匾额

宣封庙内现在文物甚多，有明、清碑刻七块；嘉庆年铁钟一座；名人手迹对联二副；石雕“惜字亭”一座；还有大量精致的木雕、透雕、浮雕、圆雕等，内容为人物故事和花、果、狮、鸟等，形象生动，刻工精细，线条流畅；其中庙内墙壁上的“一百零八宿贺寿图”泥塑浮雕，人物神态各异，形象逼真，巧夺天工。这些都反映了雷州半岛人在明、清时期建筑散件木雕工艺水平，有较高的艺术价值。另外，庙内现存木雕散件还有雀替、额牌、雌雄狮、群狮戏宝等，也有一定的艺术价值。

值得稀奇的是神庙祖传着一把奇异的鱼骨剑。这把剑长约 1.9 米，以两面有齿形刺的鲨鱼鳃前凸出之直骨为刃，木柄装有铜饰，剑上饰以奇异的图纹，造型极为奇特古怪。这把祖传鱼骨剑是庙里供奉的神物之一，在民众心中，它具有辟邪消灾之作用，每逢重大的祭祀活动，必会请出此剑，以镇四方。鱼骨剑是明代皇帝喜欢的特殊武器之一，此剑是否皇帝赐封给庙里的“尚方宝剑”不得而知，其文物价值有待专家的鉴定和考证。

（3）现存的古迹遗址。

一是“六角大井”。六角井位于通明港村内，始凿时间不详，相传为明代白鸽寨初置时开凿。清代乾隆丙午年十二月（1787 年 1 月）全寨捐资重修，井旁有碑记其事。井口呈六角形，最大直径为 1.5 米，口

庙内额匾

奇异的鱼骨剑

环石 6 块，六角处用石柱衔接，从井口向外延伸有 2 米多，用石块铺垫，分九级逐渐外斜。井深约 5 米，井水长年清冽甘爽，现仍供村民饮用。有古民谣：“六角井、水清清，人才辈出丁更兴，几多人喝都够用，金口龙言神宗灵”。

“六角大井”

二是菩提桥遗址。菩提桥在通明村东北 1.5 公里处，青石桥结构，系明代万历三十七年（1609 年）由白鸽寨钦依把总续蒙勋修筑。清代道光二年（1822 年）重修，现遗址仍有《奉县告示》、《重修菩提桥乐捐碑》通记其事。桥因上世纪八十年代修公路被埋没。

三是“惜别碑”。该碑名为：“钦差分守雷州水师江公去思碑”，立于清顺治 16 年，现碑文可鉴。

此外，还有“通明炮台”、“通明烟墩”等屯兵古遗迹和《详情禁约碑》等古碑刻，都很有文物价值，可供考古爱好者参详。

（4）从海上捞来的文物。

通明村的渔民常年在海上捕鱼，不时会从海上捞到珍贵的东西。而且，雷州半岛自古以来就是我国海上丝稠之路的始发地和中转地，海外贸易非常发达，加上海盗猖獗，台风频发，近海一带多有海难发生，海

“惜别碑”

底便成了聚宝盆。多年来，通明村的渔民打渔时从海上捞起不少珍贵的东西，其中有许多是国内外珍贵的文物。通明村渔民有一种很纯朴的品德，捞到宝贝并不私吞，也许认为这是海神送给村里的礼物，为祈求神灵庇佑，渔民将打捞上来的珍贵的东西都悉数送到“宣封庙”收藏保管。正是渔民的无私，通明村才又增加了这些难得的文物，今天我们才可以一饱眼福。多年以来，被渔民打捞上来交到“宣封庙”收藏保管的文物主要有：

大象牙。共有八根，每根象牙全长 2.1 米，最大围径 50 厘米，重量达 47 公斤。大象牙背后还有着不寻常的故事。20 世纪 90 年代，通明村薛昌连等五人出海捕虾时，意外捞起了一根大象牙，带回家放置了两三年，后来被收古董文物的商人知道了，上门想要收购，当时出价 17 万元，对于辛苦劳作的渔民来说，真是天上掉下的一笔巨大财富。但面对金钱诱惑，渔民们丝毫不动摇，而是把它交给村里的文物保护

渔民打捞上来的宝贝都送到“宣封庙”收藏保管

组，存放在宣封庙里。

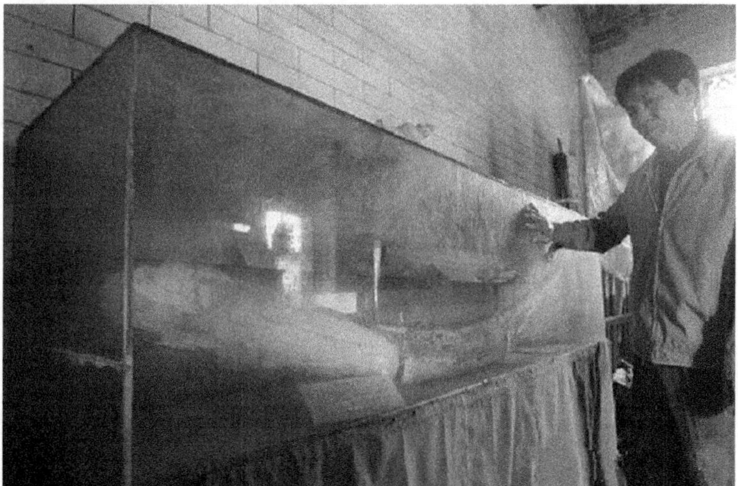

渔民从海里捞到2米多长的大象牙

渔民从海里捞到的定贝还有“八仙过海”雕刻，该雕刻历经数千年的风化，依然美轮美奂；明万历年间的铜香炉、瓷器以及珊瑚雕、古代日本银元等等。

渔民从海里捞到的“八仙过海”雕刻

不过，可惜的是，这些宝贝在宣封庙里并没有得到有效保护。由于少人看管，八根象牙，丢失了五根，其余三根由于庙内烟熏火燎，宝贝已失去昔日光华；铜香炉和古代日本银元也相继失窃。尽管如此，村民们还是希望把捞到的宝贝放在庙里“供神”，以保平安。

2. 体现风土人情的民俗文化

（1）游神文化。年例巡游是通明村的重要民俗文化，农历正月十四是通明村的年例，主要活动是祭祖、游神、吃年例、看民俗表演。

祭神巡游是最为重要而又最为热闹。宣封庙同时供奉关公和妈祖，是游神的主神。一早未见其影，先闻其鸣，游神还未正式开始，宣封庙前就响起了一轮又一轮的鞭炮声。在祈祷的鞭炮声中，村民请出了关公和妈祖等一众神像。村里的年轻人都争先在年例这天自发抬神轿。上午

珊瑚雕、瓷器等古物

9 时开始游神，各支游神队伍集中到宣封庙祭神，人越来越多，青年们的情绪也逐渐高涨，只见一群年轻壮汉们抬着神像，在宣封庙前有节奏的来回飞奔“颠神”，围观者在一旁加油助威，场面声势浩大。据说抬轿者跑得快的，将会得到神的称赞，新年也将更加吉祥如意。

最神奇的是穿令箭，在村民的阵阵喝彩声中，人们的目光都随之集中在宣封庙前，只见一位中年男人在宣封庙的门口大吼一声，像是接受了神明让其穿令箭的旨意，然后由一群小伙子拥簇着他迅速奔向神轿前，穿令箭人身手敏捷攀上神轿，先是深呼吸放松脸颊，接着用令箭由一边脸颊穿进口腔，再从另一边脸颊穿出，然后用手扶着外露部分，让人们抬着游行，行程有的数公里，时间长达两三个小时，自始至终神态自然。令箭拔出时，表演者的脸颊看不见洞口以及流血的痕迹，简直不可思议，令人惊叹。

直至下午抬神像的小伙子们踩着炸开的鞭炮，在宣封庙前来回跑三次，最后让神像进庙归位，精彩的年例游神就此落下帷幕。许多前来参观的外地游客对通明村的年例表演称赞不已，表示不枉此行。

宣封庙供奉关公和妈祖

（2）飘色文化。说起飘色文化，人们自然想到“吴川飘色”，但通明村的“飘色巡游”同样精彩。通明村的“飘色巡游”也是年例巡游的组成部分。通明村的“飘色”既有古色古香的传统飘色，如“观音送子”、“白蛇传”、“西游记”“渔港水师”等题材，也有现代元素的题材：如航天飘色、国防飘色、汽车摩托飘色等，其中还有一项通明村特有的海洋元素和军事元素飘色：金钱鳖、红爪虾、军舰、直升机，坦克、大炮等，这些飘色造型逼真，不仅继承了传统文化，更加体现了村民高涨的爱国热情，与时俱进，紧贴时代发展的脚步，让人耳目一新，人们争相观赏，拍照留念。

（3）舞狮龙文化。在年例活动中，舞狮舞龙是少不了的。通明村的舞狮舞龙都由本村青年小伙承担，他们平时出海捕鱼，闲时训练，舞龙舞狮非常专业。宣封庙前，只见一条金龙从远处飞奔而来，围观的观

村民抬着神像在宣封庙前来回飞奔“颠神”

一中年男子在穿令箭

众迅速向两边拢开，腾出一块空地让彩龙翻滚、狮子腾跃。只见一条金龙腾空而起、上下飞舞，接着青龙和红龙两龙追逐而上，刹那间三条长龙齐飞，行云流水，时而抢珠，时而嬉戏；随着龙奔刚过，狮跃又到，

航天飘色

只见两只狮子一黄一红相互斗趣，上跃下伏，或向神祝福，或向观众拜年，活灵活现。狮龙逼真的表演引来观众阵阵叫好，也舞浓了吉祥喜庆的节日气氛。

三龙开泰

(4) 年例宴客文化。吃年例、看年例，并且是免费的，对宾客来说是最有实质性的内容。通明村的年例可赏、可玩、可食，好客的村民大办年例的同时，更加要邀请四方亲朋好友齐聚通明共享丰盛的“大餐”：有看的，如游神、舞龙、舞狮、穿令箭、飘色等民俗表演；有吃的、丰富的美味佳肴。好客的通明人和美轮美奂的民俗文化，吸引了周边村民及外地民众前来观赏庆贺，一时间，千人齐聚通明赏年例，喝彩声、鼓乐声此起彼伏，把年例的氛围推到了最高潮。

亲朋好友齐聚通明吃年例

通明村，就如她的名字一样，通明剔透，玩味十足。星移斗转，时光流逝，当年的白鸽水寨早已消失，但我们可以从一件件历史文物和一处处历史遗迹中，窥见到这座雷州府水师重镇昔日的雄风。现今的通明，古老而又现代，繁荣而又内敛，正如一颗温润的珍珠，明亮而深远，等待着每一位欣赏她的人的到来。

(五) 湖光镇——风光秀丽人文荟萃的历史文化名镇

湖光镇位于雷州半岛的东北部，距离市区 13 公里，东临东海岛，陆地面积139平方公里，海岸线长46公里，下辖68条自然村，总人口7.88万人，交通便利，省道S373线及疏港大道穿越境内，是通往广州、霞山、遂溪、雷州、徐闻、海南省和东海岛的交通枢纽。2003年被广东省认定为省级中心镇，享有县级行政权限。湖光镇处于环太平洋地震带上，在十几万年前曾有过一次火山爆发，形成了现在的火山地质地貌，国家AAAA级重点风景名胜区——湖光岩风景区就坐落在该镇。湖光镇最大的特色是自然风光优美，人文景观独特。

1. 玛珥湖的民俗：秀丽风光与人文绘萃相辉映

湖光镇是一个风光秀丽、人文荟萃的的地区。湖光镇有国家4A级风景名胜区——湖光岩。湖光岩是一个以玛珥火山地质地貌为主体，兼有海岸地貌、构造地质地貌等多种地质遗迹，自然生态良好的地质公园。湖光岩的玛珥湖是距今14万～16万年前由平地火山爆炸后冷却下沉形成的玛珥式火山湖，湖深400多米。湖水在四周火山堆的保护下，不受外界水系干扰，长期自然沉积形成的湖底沉积层，是十几万年地球演变留下的“天然年鉴”和“自然博物馆”。玛珥湖的湖光山色，独特的景观，久远历史，孕育了丰富的民俗文化和民间传说，形成了集自然景观和人文景观于一体的风景名胜区。

玛珥湖的人文景观之美，美在悠久的历史文化内蕴。这里有千年古刹——楞严寺、白衣庵；有宋宰相李刚与楞严寺长老释琮月下对饮吟诗的轶趣史话；有李纲题写的墨宝和石刻“湖光岩”，以及历代文人名士、骚人墨客留下的诗词碑赋、摩崖石刻；有流传千载的美丽传说：“白牛报恩”、“龙鱼神龟”、“蛇仙传说”、“神狮下凡”、“七星洞传奇”、“金鸭与神父”、“猪笼石”等故事。湖光岩的人文景点与美丽传说十分动人：

（1）白牛传说。相传湖光岩这个地方原先并没有湖，是宁、托两个村庄。宁村有母子相依为命，不幸儿子打柴摔死了，老妈妈哭得死去活来，在朦胧中看见有一头小白牛来代她儿子耕种，从此，地里便自动长出粮食。有一年大旱，白牛又悄悄将食物衔到老妈妈家。村民发现了白牛，竟宰掉分给各户充饥。老妈妈知道后，伤心痛哭，把牛肉扔回去。说来奇怪，牛肉却腾空飞向村外，老妈妈跌跌撞撞追上去，天上又落下一根竹枝给她。追到村外桑田边，牛肉忽然不见了，紧接着雷电骤起，随之天崩地陷，村庄变成了水泽。老妈妈情急之下，把竹枝插入田中，雷电顿时停息，洪水也渐渐减退，留下了一片清丽湖山。这就是今天的湖光岩。这是一个善有善报、恶有恶报的民间寓言传说，体现了当地民众善良的心愿。

白牛仙女塑像

当然，这只是一个神话。但说玛珥湖是天崩地陷而成却一点也不假。据科学考证，它正是16万年前熔岩爆发凹陷而成的。它的诞生过程比神话描绘的更精彩，更壮烈。它那斑驳的崖壁就是火山爆发的最好见证。我国有四座火山湖泊，其中镜泊湖和五大连池是熔岩阻塞河道而成，称为火山堰塞湖，只有长白山天池和湖光岩玛珥湖才是火山口湖。湖光岩玛珥湖原先叫做“陷湖”，大概源于白牛传说的“天崩地陷”。后来又称为“镜湖”，说的是清澈明净得像一面镜子。再后又称作“净湖”，不仅因为水质纯净，还因为佛家弟子清心寡欲、远离尘嚣的修为。

（2）龙鱼神龟传说。湖光岩一向就有存在“龙鱼神龟”的传说，多年来一直陆续有人说掉入湖中后神奇遇救，许多人是说脚突然踩到一块石头，但等被人救起，那石头却游走了。

龙鱼神龟塑像

（3）李纲月夜提诗典故。南宋建炎三年（1129 年）宋宰相李纲由于力主抗金受到佞臣诬陷，被贬海南，因兵事阻留遂溪。曾同为同窗好友的“白云禅庵”主持释琮和尚，想开导一下好友，专程赶牛车把他接到湖光岩。他两从雄狮岭的古道拾级而下来到湖边，对酒当歌，畅叙旧情。满眼的湖光山色，竹树翠影，浑然一体，令人心旷神怡。此情此景让李纲陶醉了，他暂时抛开了被贬的抑郁之情，借酒吟诗，兴致大发，挥笔写下了“湖光岩”三个大字。后由释琮请工匠把它刻于白云岩壁上方，湖光岩因此得名。告别时，李纲还专为释琮写了两首诗：《赠释琮》和《还至城月别琮师》，如今刻在寺庙右侧岩壁上。据悉，李纲所题写的“湖光岩”真迹，现尚保存在楞严寺，被列为湛江市重点保护文物。

李纲与释琮和尚月夜吟诗提字

（4）“楞严寺”与“白衣庵”。俗话说，“天下名山僧占多”，雄狮岭下的楞严寺已有近900年的历史，是湖光岩的主要古迹。北宋靖康七年（1126年），僧人释琮在此结草为庵，借白云岩洞为佛堂，供奉如来三宝佛，号称“白云禅庵”。三年后，接待了流放途中的李刚，把李刚题写的“湖光岩”三字刻于白云岩上方。“白云禅庵”一直香火不断，到了清代才更名“楞严寺”。“楞严”二字取自佛教《楞严经》，表示佛法坚强的意思。去过庐山“仙人洞”的朋友一定会觉得似曾相识，因为白云岩与仙人洞确有几分相似。楞严寺右侧新建一诗廊，荟萃了古今名人咏题的诗赋。它依地势层层上升，回廊三曲，新颖雅致。

白衣庵与楞严寺隔湖相望，它原是湖西雌狮岭崖壁上的一孔石窟，相传为宋代一位白衣女尼的修行处，故而历来只有清一色的小尼姑。石窟外面的新佛堂是香港游客于1992年捐建的。

2. 湖光镇的古村落文化：历史悠久底蕴深厚

湖光镇是一个历史文化名镇，历史悠久，民风古朴，文化底蕴深

楞严寺

白衣庵

厚，民俗文化和文物古迹丰富，有众多的古代村落和古文物让你探究。

（1）千年古村落——铁耙县遗址。

铁耙县遗址位于麻章区湖光镇旧县村。铁杷县始建于隋开皇十年

(590年)，当年隋文帝平定南方的陈国，结束南北分治的南北朝，重新统一全国，便将当时辖有雷州半岛的南合州改为合州，在州内增设铁杷县，县治设在今湖光镇旧县村。唐贞观二年（628年），扇沙、椹川二县并入铁杷县。唐天宝元年（742年）改铁杷县为遂溪县，县治地址不变，直至宋开宝四年（971年），历时380年。据史载，“铁杷”的名称来源于该县城前的铁杷溪，因该溪水中露出的岩石凹凸不平，形象耙齿，故名为铁杷溪。现村名“旧县”，应是绍兴二十年县治迁址后的名字。铁杷县遗址西南向，面积约1平方公里，无城墙。民居鳞次栉比。主要遗址遗物有：

石塔（已坍）、石狮、莲花形石形础，均具唐代风格。

南宋时期的龙眼井，位于湖光镇旧县村内，有左右二井，同称龙眼井。左井为石筑，平面呈圆形，井身石砌八角形，深5米，水可引用。井栏内侧石壁刻“咸淳六年重建井”七字。

宋代的龙眼井

泰山府、彭氏宗祠等，以及宋至清代建筑的古民居多处。

古墓群，位于湖光镇旧县村后园山。现可见墓葬180座，有碑可考者76座，宋元明清墓均有，以清墓为多。

石桥墓，位于湖光镇旧县村西坡。一为南宋咸淳六年（1270年）的吴氏墓，一为同年的茅十三公墓，一为明洪武十七年（1384年）的广西荔浦县主茅梅溪墓。墓顶均石砌，作桥形。

旧县村因铁耙县遗址保存得较为完好，以及有丰富的文物和民俗文化（如傩舞等），被认定为“广东省古村落”。

（2）生态文化古村——程村。

程村位于湖光镇西南部，距国家级风景区湖光岩约3.5公里，是一座具有千年历史的生态文化古村落。程村座西北向东南，三面环山，一面临海。村庄背靠青山，民宅倚山而建，居高临下，错落有致。程村著名的景点是太极莲花池和榕苑。榕苑有五棵宋代古榕树成梅花状排列，古榕高大挺拔，枝繁叶茂，遮天蔽日，可容千人纳凉。榕园南边的高土坡上有一片半截裸露出地面，形如蛋状，互连一体的火山岩。由于年深月久，火山岩表面已风化斑驳，显出各种各样的神奇石纹图案，如山川、如河流，酷似一幅幅逼真的山水画。有学者说，程村榕园这上百个火山岩石是16万年前附近的湖光岩火山爆发喷射到此的“火山蛋”。火山岩南边的山坡上是一片以野生樟树、龙眼树、肾鹊梅为主，多种植物和谐共生的原始生态林。程村集千年古村、千年古树、万年火山岩于一身，融人工造景，自然生态山水为一体的特色园林古村庄。

除了自然风光外，程村最值得一看的是历史文化古迹，这里有宋代父子进士墓（2006年4月已被批准为市级文物保护）、程氏祖祠、武当山庙、古民居、古榕园、百年樟树林、石柱、石础、石缸、石盘、古石巷、古石井、石马槽等；特别是雷州半岛罕见的三面石狗、古石棺墓群，万年火山岩等。目前，国家、省市有关文物部门专家正对古石棺不解之谜以及万年火山岩进行深入考证中。

近年来，麻章区整合区内历史文化、自然风光、民俗风情等旅游资源，以湖光岩为中心打造周边10公里的休闲度假区，其中程村的红洋

程村的“火山蛋”

淀旅游区也列入其中，得到扶持建设。程村的北宋程浪斋将军像、千年古石棺墓葬群、太极莲花池、千年古榕苑、千年古石井、万年火山蛋、古石马槽、飞来石、程氏祖园、宋代父子进士墓、武当山庙、古榕园、凤凰湖、百年樟树林、海上公园等景点和白浪水红树林观光项目均列入规划。一个集古村落、古文化、农（渔）家乐，集运动、休闲、娱乐、度假于一体的生态休闲旅游区，正在加紧建设。程村这个神奇美丽的地方，届时会令你更加留连忘返。

二、古老的村落文明

（一）凸显先民睿智的民居风水遗产

在麻章区有许多古村落，这些古村落皆因民居保存完整、建筑形制

古榕苑中程村始祖程浪斋塑像及背后的千年神树

优美等原因而遐迩闻名。在这些古村落中，尤以太平镇庐山村、湖光镇旧县村和程村的古村落较为有特色。旧县村的古村落保护得较为完好，且现存历史文化实物和非物质文化遗产比较丰富和集中，已被认定为第二批广东省古村落。庐山村古村落虽还未上榜，但以其历史底蕴丰厚也显非凡的文化内涵，其古民居给人的直观感受更为强烈，因为这儿的建筑更加大气，更加恢弘，表现出水乡文化、山居文化和海洋文化的特点。如果从民居风水文化的角度去看村落布局，庐山村和程村则更有特色。

以庐山村和程村为例，这两个村落在选址上都较为典型，讲究风水文化，其因地制宜十分符合风水原则，整个村子依山就势，布局合理，大气恢弘，独具特色，体现了人与自然的完美和谐的结合。它不仅吸收了中国传统建筑规划的“风水”理念，还构建了适应聚族而居的生活和防御的要求，兼容了风水、文化、景观、生态、人文于一体村落文化，是一种自成体系的环境景观与生态风水学的样本。

1. 依山傍水是、前塘后山，人与大自然和谐而居

中华风水学（也称“堪舆”学）的核心思想是人与大自然的和谐。所谓“堪舆”是指研究天道、地道之间，特别是地形高下之间的学问。它是以古代有机论自然观为基础，把古代天文、气候、大地、水文、生态环境等内容引进村落、宅居选择地址、步建环境的艺术之中。清朝丁芮朴《风水祛惑》有云：“风水之术，大抵不出形势、方位两家。言形势者，今谓之峦体，言方位者，今谓之理气。术家认为，坐向大要以背山面水，坐北朝南，避凶迎吉为佳。”

庐山村选址属莲花地，村前有风水池塘，村后有后山为托，整个村落结构为前塘后山，坐北向南，这是典型的中华村落风水文化选址（前文有述，不再赘文）。这里重点说说程村，该村位于湖光镇西南部，距国家级风景区湖光岩约 3.5 公里，是一座具有千年历史的生态文化古村落。程村座西北向东南，三面环山，一面临海。村庄背靠青山，民宅倚山而建，居高临下，错落有致。村前是一片碧田秀畦。田野中间突起一条形状酷似太极八卦图案的土墩。田野前面是宽广的海滩和九曲十八弯的古渔埠。远方是烟波浩荡的南海，村后山森林密布。整个村庄，山脉、田野、海湾如盘龙虎踞，似麒麟吐书。清朝光绪年遂溪县知县陈学有诗赞曰：“隆隆百福土，源源万世居。高山人所仰，崇林凤所栖。参天有老桧，自出千里驹。盘踞如龙虎，怡然麟吐书。后靠有青山，前面临海堤。九曲迴萦水，回方山绕围。鹏程腾万里，俯瞰凤凰池。物华皆天宝，人杰地灵奇。”清朝乾隆翰林院陈昌齐题村联云：“喜学派长留立雪门高信箕裘之克肖，看胄华日盛擎雷源远知锺毓之方新。”可见程村人文自然景色之美及其风水之道理。

庐山村和程村选址皆遵循了“背山面水，山水环抱”的古民居选址原则。依山傍水是风水最基本的原则之一，山体是大地的骨架，水域是万物生机之源泉，没有水，人就不能生存。考古发现的原始部落几乎都在河边台地，这与当时的狩猎、捕捞、采摘果实相适应。依山的形势

程村面向宽广的海滩和烟波浩荡的南海

程村后山森林密布

有两类，一类是“土包屋”，即三面群山环绕，奥中有旷，南面敞开，房屋隐于万树丛中，湖南岳阳县渭洞乡张谷英村就处于这样的地形。明代宣德年间，张谷英来这里定居，五百年来发展六百多户，三千多人的赫赫大族，全村八百多间房子串通一气，男女老幼尊卑有序，过着安宁祥和的生活。程村应属这一类。另一类是“屋包山”，即成片的房屋覆盖着山坡 ，从山脚一起到山腰。长江中上游沿岸的码头小镇都是这样，背枕山坡，拾级而上，气宇轩昂。庐山村古村落结构兼有两者精要：后山前塘，具有“土包屋”的神韵；同时，由于当地山形较小，其房屋布局又漫布山坡 ，从山脚一起到山腰又覆盖着民居，因而又据“屋包山”特点。

庐山村古村房屋覆盖着山坡

2. 聚盆式民居布局，气场十足，气聚财（才）生

中华文化十分讲究气场，营造人文和谐。《道德经》第四十二章有云："道生一，一生二，二生三，三生万物。万物负阴而抱阳，冲气以为和。"风水学也以气为万物本源，认为世界是从无（未见气）到有（气之始）。气是本源（一），它分化出阴阳（两仪），阴阳调和万物生，所以万物盛衰消长都与"气"有关。那么村中的"气"从何来？进入庐山村或程村，你都不难见到后山形似卧龙，村前开阔如海洋，村中场地平整，民居错落参差，盘旋有致。庐山村的"气"首先是从后山而来，后山是风水中所谓的来龙，气自龙头起，聚于中，盘旋于左右，左有青龙、右有白虎、中有明堂、水流曲折，以使古村落藏风聚气而福荫后人；再是外场，庐山村口面对开阔的外场，外洋宽阔能容万马，可致后代鹏程万里、福禄延绵。

再说程村，三面环山，山是风水的来龙，北高南低，气聚于村中的太极莲花池。碧波荡漾，荷花相衬，景色迷人的太极莲花池是全村气场

程村的太极八卦图案

村口面对开阔的外场，气聚财（才）生

中心。莲花池的西、南、北边五棵宋代古榕树成梅花状排列，形成10多亩宽罕见的千年古榕苑。最大的一棵古榕树树高36米，树胸周长10米，要8个人才能合抱。古榕苑五棵古榕高大挺拔，枝繁叶茂，遮天蔽日。凡过往此园的人，不管忙与不忙都想停留少憩片刻，享受这大自然的恩赐，这就是风水气息的妙处。

古榕苑五棵古榕高大挺拔，气场所在，可容千人纳凉

庐山村和程村的“气”都带来了浓厚人文气息。气聚财（才）生，人才辈出，人文气息浓厚是这两座村的“风水”特色，这些村为什么富有？重要一点是村人注重文化教育。

在庐山村的许多宅子，都残留着深厚的文化气息。各户门前，都有十分精湛的楹联，从内容看，充盈着浓郁的儒家文化，如庐山村有栋房子，上联为“艳阳重升江山不老宏图再展神州永春”，下联为“跃马扬鞭欣逢盛世闻鸡起舞大展宏才”，充满着向上的能量。其中有一处宅子，竟建有戏台，围栏处也极尽精巧，刻有木质的梅花窗和双喜纹。戏台在厅堂的二层，足有五十平米。遥想数百年前，爱听戏曲的家境殷实的大户人家，每每在花好月圆之夜请来戏班，一大家子人围坐在两旁，看戏台中间的青衣武生轮番上场，摇曳生辉。可惜如今戏台已经摇摇欲坠，当年繁花盛开的庭院也已经荒草遍地了。

古宅深厚的文化气息

庐山村坚信“学而优则仕”。庐山村历代都有重教尊商传统，有利于人才培育。庐山村重视对村内子弟的教育是遐迩闻名的，六大书房远近闻名，还有洪泮洙这样的名儒执教，附近村民都争相送学童到该村受教。在明清时该村就有松竹轩书房、五屋书房等六座大书房。村里有浓厚的人文气氛，无论多穷都要把孩子送去读书，因此，代代人才辈出。在元、明、清三个朝代中就先后有进士、举人、贡生、庠士等 86 人。分别任教谕至知县各级官职有 68 人。再者，庐山村的读书人考取功名当官后，都会购置田产，逐渐积累财产。慢慢的，庐山的田产越来越大，地主越来越多，出外经商的人也越来越多，成为当地富甲一方的村庄。

在这块风水宝地的孕育下，程村自然也人杰地灵，人文昌盛。据《雷州府志》等记载，程村始创于宋代，始祖程浪斋选址这块风水宝地繁衍生息，其儿子名程雷发也考取了宋朝进士，与我国民族英雄文天祥进士同榜，官居建极学士。程雷发在雷州生有五个儿子，长子次子程原道、程宣义青年时同年双双考取宋朝进士，后在琼雷、廉州、湖广等地为官。程村程族子孙三代出现“三代四进士”，人称程村为宋代“进士村”，名望家族。清代遂溪县知县陈学也称赞其家族为“遂邑望族”。程雷发其余三个儿子也随父或随兄分居雷州府、高州府、海南、广西、湖南省等地开族立业。据统计，900 多年来从程村这条始祖村分居到雷州半岛、海南省、广西省、湖南省的嫡系后裔共 108 个村庄，人口达 10 多万人，每年清明节（定农历三月二十五日）成千上万程氏子孙回到程村祭祖，人山人海，场面空前。

3. 对外严于防患，对内相互通联的村落构造，有利于长治久安

以庐山村的民居布局最为典型。村中民居道道相通、巷巷相连，护村碉楼高耸，整个建筑设计奇妙，工艺精湛，布局合理，浑然一体，是湛江最大的城堡式古村落建筑群之一，也是汉民族建筑的瑰宝。

“回”字形楼房——“碉楼”

庐山村民居的房子都建得非常高大雄伟，大多呈“回”字布局。现在还保存完好的一座全村最高的房子就是“回”字形楼房。这座

“碉楼”占地面积600多平方米，分内外两层，外面的一圈围墙竟有1.2米厚，墙基用青石筑就，围墙的四周布满了枪孔，可以从里面向外面打枪，围墙的顶部也有炮孔，人可以站在上面居高临下打枪，天台上有向外延伸的“空中走廊”，可供民兵随意走动，真是易守难攻。这栋楼房对于庐山村来说非常重要，它是全村的制高点，每天都安排民兵值班，远远就可以看到入侵的山贼，及早提醒村民做好防备。该“回”字形楼房有40多间房，里面有水井、马房、储粮室、杂物间等，情况危急时，可以容纳几百人在里面度过一个月时间。

庐山村的房子建得这么高大雄伟，并布满枪孔，原因在于防贼匪的需要。据说庐山村人特别有钱，在中华人民共和国成立前，庐山村有六七十户地主，村中的富农都要比其他村的地主有钱。庐山村又地处偏僻，成了山贼眼中的“唐僧肉”，频频光顾村子。为了抵御外来侵略，庐山村利用手中的财富，建起了高墙深院，备好了枪支弹药，雇佣民兵武夫日夜防守，使得庐山古村落数百年来免兵盗之灾，村泰民安，从而得以保存至今。

庐山村和程村凭风水形势而建村，因地制宜而兴宅，又以文化教育而旺人，是村落风水文化研究不可多得的典型；同时，这些古村又以其深厚的文化底蕴和固有的民族古居艺术建筑特色，以及大量的文化、文物景观资源，成为整个雷州半岛不可多得的历史文化遗产。因此，对麻章古村落的保护利用，其意义可见一斑。

（二）留存质朴民风的“民居化石”

在麻章的许多古村落中，保留着大量被称为“文化化石”古建筑——古民居。这些古民居因地处偏僻而鲜为人知，也因年代久远而失修，不少已处于废弃状态，不能住人了，但有大多还保存着完整的建筑形制，是我们了解和研究古代雷州半岛先民宅居文化和古代民俗风情不可多得的历史遗产。其中旧县村、庐山村的古民居较有代表，现在已逐步引起外界关注，当地政府也已将其保护和开发列入了议程。旧县村因

高大雄伟，并布满枪孔的房屋

古民居保护得较为完好，加上历史文化实物和文化遗产比较丰富，已被认定为第二批广东省古村落。进入麻章的古村落，一种质朴而典雅的建筑风格和浓郁的文化气息扑面而来，它虽没有陕西党家村古民居的大气和精致，却不失为岭南古代民居中的典范之一。这些古民居或倚山而筑，或临水而建，布局合理，设计精巧，形制精美，匠心独具，充满文化气息。从现在古村落的建筑文化看，这些古民居布局均遵循中华居家风水理论，住宅建筑蕴含风水文化智慧和儒家文化内涵，体现质朴的民风，对现代农村民居建筑仍有着深远影响。

1. 建宅遵循“风水”原则，择吉地向南而居，背山面水，负阴抱阳

湛江市麻章区位于雷州半岛北面，其宅居文化隶属于雷州文化，与岭南文化同属一个风俗信仰体系，同时又受到中原徽派建筑风格影响。从留存的古民居看，在选址上大多遵循座北向南，背山面水，负阴抱阳的风水原则进行布局。这种布局既符合当地的地理特性，又符合农村生

产生活的要求。

背山面水，与四周自然环境和谐的村落布局

雷州半岛人建造宅居讲“风水”，往往将住房与“家”的兴衰命运紧密相连。不少家族、家庭都希望自己能够发展壮大，光宗耀祖，为达这一目的，都设法选择有“风水龙脉”的地方建造房屋，因而形成具有浓厚民俗特色的宅居文化：选宅地要择吉避凶，讲地形地势，择吉地而居，讲究居住环境宜人，吉宅要依山傍水，住宅地要干净避秽，迎吉接福。相信“背山面水若有情，山有来龙昂秀发，水须转抱作环形，明堂宽大斯为福，水口收藏金满盈，关煞二方无障碍，光明正大旺门庭。”受传统宅居文化影响，村民在选择宅基时最讲究的是干净，并有诸多忌讳：忌靠近坟地；忌用墓葬地建屋。选宅基避讳两种地方：一是大路直冲着房子的地方，俗称“路箭”；二是河道直冲着房子的地方，俗称“水箭”，箭能伤人，都是不吉利的。也不适宜紧靠衙门、寺庙、祠堂位置建房子。还忌挡路口，忌建于低洼地，忌不正，尤其忌前宽后窄的三角形或倒梯子形状等。这些忌讳，都表达了对家的重视，希望家宅能趋吉避凶的美好愿望。

座北向南，负阴抱阳，讲究的是房屋座落方位要符合风水原则，应

选择座北向南，负阴抱阳，有“风水龙脉”的地方建造房屋

顺自然。麻章古民居都讲究屋宅风水坐向，认为宅居座向符合风水地势，就能旺丁旺财。因此，根据雷州半岛的地形地势，这些古民居大多座北向南，后高前低布局，并与四周自然环境和谐，有山有水，形成相对封闭的空间，有利于形成良好的生态循环的小气候。“负阴抱阳”不一定都是依山傍水，它要求屋宅要有背靠依托，形成面临全局、处于主动有利地位的内向空间格局。清代风水著作《阳宅会心集》有云：“一层街衢为一层水，一层墙屋为一层砂，门前街道即是明堂，对面屋宇即为案山，”可为负阴抱阳的写照。从地形上说，背山可屏挡冬季北向寒风，面水迎来南向季风，朝阳具有良好的日照，后高前低可避免淹涝之灾和荡涤污物，并易在农副业的多种经营下形成良好的生态循环。

如何看待“座北向南，负阴抱阳”的宅居文化？从文化背景看，这种民居朝向与“向明而治”的思想有关，这是我国古代特有的“面南文化”。《周易·说卦》中说：“圣人南面而听天下，向明而治。”“向明而治”实际上是“向阳而住”。因为，阳光大多数时间从南面而来，人们的生产、生活又以直接获得充实阳光为前提。这样，决定了人们采光必然是向南朝向。时间一长，就形成了“面南而居”的风水观念。

2. 与自然相融，自成体系，体现“天人合一”的居住理念

古人认为宅居是人与自然相融的，“夫宅者，阴阳之枢纽，人伦之规模……人因宅而立，宅因人得存，人室相扶，感通天地。”①在这种阴阳合成的观点下，麻章古民居十分推崇这一阴阳法则，注重风水信俗，体现“天人合一”的居住理念：民居建筑多以院落为中心，由堂屋及多间房舍环绕，自成相对封闭的单元体系布局。天井院落式的布局一般是三面房屋一面墙，或者四面房屋围成一个庭院，中间留出天井，类似三合院和四合院。有的占地面积较大，分前院、后院，沿中轴线经堂屋、正屋、后院，有二进或三进，东西两侧建有厢房，布局精巧。住宅的门窗都朝向天井，外开窗很少，一般在二层两侧山墙上开窗，好处是利于通风和采光。

与自然相融的古民居

① 王冰．黄帝内经［M］．北京：中医古籍出版社，2008：4.

堂屋是住宅的主体，也是家族的中心，它比其他房子都要宽敞高大，在院落中显得特别突出。堂屋分为二部分，中间为客厅，客厅里设有三殿堂，供奉祖先神位。年时节下，生辰忌日，都在这里设祭行礼；婚丧大典也在这里举行；平素若有贵客临门，也在这里接待。出嫁了的女儿回娘家一定得经过正院门然后进入堂屋拜见父母。由此可见堂屋是宗法制家族的象征，也是家族的礼制中心、教化中心。

堂屋是住宅的主体，也是家族的中心，在院落中显得特别突出

挨着堂屋的左侧一般是小厢房，靠院墙的多为厨房和杂房。杂房用来放粮食或工具等，有的杂房也置床，子女多的家族孩子也常住其间。对着厨房的是小院门，小院门也盖成瓦房式，下雨天可以在那里堆积或凉晒东西。紧靠院墙的是柴火房和厕所。有的还有后院，后院如很宽，猪舍、鸡舍便置在那里。小的后院一般只是用来晒东西，不过，较大的民居院落围墙旁都种有果树，这样既起到了美观、绿化作用，又可多阴凉。雷州半岛的热天较长，果树开花结果时节，总有沁人花香随风潜入夜伴居民进入梦乡。

麻章古民居村落选址、布局和建筑形态，都以周易风水理论为指导，体现了中国传统的天人合一哲学思想和对大自然的向往与尊重，创造出一个既合乎科学，又富有情趣的生活居住环境，是中国传统民居的精髓。这样的民居结构符合阴阳和谐理念：屋宇为阳实而院落为阴虚，这种阴阳相成、虚实相间的院落序列空间，在密集的居住状态下较好地协调了人与自然的关系，较好地解决了日照、通风、保温、隔热、反光和防噪等问题。麻章古民居的院落非常重视其大小与屋宇的比例，院落承接阳光雨露，日月精华，纳气通风，以具有“藏风聚气，通天接地”的功能。院落和室内过厅穿堂等联在一起，形成一个较大的气流网络：院落空间是气流集散的汇合处。院落是居住的生活中心，也是沟通天地阴阳之气的气场中心，古人将内院看作是人与天地，人与自然协同共生的最佳场所，并在院落内引入大自然的风光：大户人家高墙深院，叠石理水，植树栽花，曲径通幽地把院落扩大为私家园林；而小户人家即使面积很小也要种植几株翠竹、芭蕉或满架瓜藤，充分表现出人与自然的交融，人生活在院落内，院落便是小宇宙、小自然和小社会。

此外，从现存的民居结构看，麻章古民居的等级观念也十分强烈。既严格按照封建的礼数、程式和规定，讲究主次和主从、层次和序列的关系，也由主人的社会地位、经济实力、个人爱好、家庭成员结构、习俗信仰和生产生活方式所左右。一方面，严格按官职品级守礼而为，在建筑开间、举架上不敢僭越，官职三品的，堂舍不超过五间九架，门屋不得超过三间五架；五品的，堂舍五间七架，门屋三间两架；六、七品以下的，堂舍三间五架，门屋一间两架。另一方面，主人的经济实力、个人爱好亦有体现，那些阔起来家族却野逸不拘，总想在严谨的千篇一律中变通出一种与情理相依的自我形象和精神。于是，这两条线就体现在住宅间数、内部结构、砖雕、木雕、石雕等各个部分此消彼长的交融上。在通道的布置上，也有主次之分，大门为主入口通道，供主人、宾客通行，佣人等只能从边上的偏门进出。

院落是居住的生活中心，也是沟通天地阴阳之气的气场中心。

高墙深院

枪眼密布

3. 高墙深院，防御严密；雕梁画栋，形制精美，保留有明显的徽派民居特点

高墙深院，一方面是防御盗贼的需要，另一方面是饱受颠沛流离之苦的迁徙家族获得心理安全的需要。麻章古民居房屋结构一般为前堂后室，以高深的天井为中心形成内向合院，四周房墙围护，房墙和大门两

侧大多布有枪眼，外面几乎看不到院内情况，唯以方形的天井采光、通风与外界沟通。这种以天井为中心，房墙封闭的形制有其独特功能，一是便于防御，由于古时的雷州半岛匪盗猖獗，有钱人家都把防盗防抢作为房屋的第一功能，多把房屋建成高墙深院，枪眼密布；二是与文化信俗有关：四合院式天井结构，下雨排水，在形式上通过屋面，实际是地面聚集排放，表达了“四水归堂，肥水不外流”之意，这与安徽民居有异曲同工之妙。

四合院式天井结构

麻章古民居的建筑装饰体现徽派建筑特点，或雕梁画栋，或彩绘浮雕，形制精美，洋溢着儒家文化。走进这些古民居建筑群，只见一条条笔直的深巷，两边座落着不少大宅，红砖高墙，大门阔户，错落有致。古宅檐牙高啄，勾心斗角，造型精美，建筑风格别具特色。在这些古建筑中，装饰主要采用了三雕（即木雕、石雕、砖雕），在一些较大的府第、豪宅上，房内雕梁画栋，描龙画凤；屋顶龙脊飞檐，飞禽走兽；照壁墙面，或浮雕祥物吉字，或彩绘山水花卉；中厅和主房檐宇间，缀有精美的工艺木刻，多为群芳谱、百兽图；门前装饰石雕、楹联、匾额等。这些雕梁画栋的内容，多为瑞兽祥鸟、花果虫鱼、故事人物。有的木雕、浮雕以《水浒传》、《三国演义》和神话传说的人物为素材，雕刻的刘关张、一百单八将、三十六天罡、七十二地煞神态各异，栩栩如生，布局巧妙，格调雅致，异彩纷呈，令人叹为观止。其中尤以旧县村、庐山村的古民居最为精美，所留存的明清建筑巍峨气派，豪门大院雄伟壮观，古巷古道井然有序。尤其壁画彩绘十分精美，或花鸟虫鱼，或飞禽走兽，或山川胜景，或故事人物，内容丰富，画工高超，精彩纷呈，从中可看出半岛古人的文化智慧。在这些建筑和雕刻的艺术作品中，充分体现出半岛先民们耕读传家的主题以及孔孟之道、忠孝节义等古代哲学思想。

彩绘浮雕，形制精美

麻章许多古村落历史悠久、古民居数量众多、古建筑种类丰富，其文化积淀深厚，建筑艺术精美，宅居风水文化影响深远，它们共同构成了红土地上绚丽的历史文化瑰宝，是半岛文化多样性和创造力的高度凝结，是不可再生的宝贵人文资源。当我们徜徉于这些古朴而静谧的古砖铺就的街巷时，会被这遗落在雷州半岛的一颗颗明珠所震撼，为先人的智慧和追求而感动，会有一种思接千载、神游物外的感慨油然而生——

红砖青瓦　雕梁画壁

追念起先人们曾在此耕种、读书、生活、繁衍，念天地之悠悠，感日月之轮回，就在这轮回之中，一代代先民完成了他们的时代轮回，走完了他们的人生之路，留下了他们生活过的雕梁画栋、红砖青瓦以及对家族、对后人的希冀和警示；你会为它的乡风民俗而感动，感动于它流传至今的耕读传家的治家古训，感动于它流传千载而不息的悠悠中华文化传承；当我们端详于这些满带着岁月沧桑、巍峨高大的古建筑时，会为祖先所留下的历史文化瑰宝而震撼：震撼于它的建筑理念和风水文化，震撼于它的艺术精美，震撼于它的沧桑，震撼于它历经世代的灾荒、战乱仍顽强屹立不倒。随着湛江经济社会的快速发展，由于对历史文化资源稀缺性认识不够，一些古建筑、古民居受到不同程度的毁坏甚至消失，不由得让人痛惜。由此也提醒我们，在新型城镇化建设中，把祖先留下来的宝贵物质文化遗产保护好、利用好、发展好，已经是当务之急，迫在眉睫的事业。当我们从这些文字、镜头图片中看到一个个绝美的古建筑符号、古民居景观，顽强穿越千百年风雨侵袭，向世界展示往昔的妖娆时，请大家为保护、弘扬民族和地方传统文化尽一份绵薄之力吧！

三、远古的信仰文化

（一）古祠庙——维系血脉相承信仰相通的神寓

祠庙是祭祀先祖、圣神的房屋，是祖先及神祇“灵魂”的寓所，是民间信仰的产物。作为中国保存最多的一种古建筑群体，其建筑风格古雅、气势宏伟，是中华民族历时数千年之久的伟大创造，也是中国传统文化深层内涵的重要表征。祠庙直接体现了中华民族血缘伦理、宗族观念、典章制度、建筑艺术等方面的内涵，留给后人许多珍贵的历史、文化信息。我国农村的祠庙大体分为四类：一是宗族祠堂，是宗族成员祭祀祖先、制定族规、商议宗族重要事务的地方；二是名人（物）祠堂，是专为祭祀著名人或物（如名山）而建的，可细分为乡贤名士祠堂、忠勇将士祠堂、烈女孝子祠庙、山神海神庙等；三是神祇祠庙，是指以某个神仙形象为祭祀对象的祠庙，如玉皇、观音、妈祖、财神、土地公等；四是宗教庙宇，在汉族农村主要是佛教和道教的祠庙。

在湛江麻章区各村落，同样拥有为数众多的各类祠庙，一个行政村，多的有十多座，少的也有三四座，且各有特色。以麻章最大的村庄调塾村为例，该村各类祠庙共有 22 个，包括 1 个姓氏宗庙（梁氏宗祠）、5 个神庙、7 个境主庙、9 个家族公祠（授谥号的家族先祖祠）。祠庙成为村民维系乡情、团结族人、安抚心灵、寄托信仰的重要场所和精神纽带。

麻章的祠庙按功能属性分大致也可分为四类：

1. 姓氏宗祠

姓氏宗祠是农村最基本的也是数量最多的维系亲情最紧的祠庙。各村按姓氏为单位大多建有姓氏宗族祖庙，有的村多姓混住，则建有多个宗族祖庙，如太平镇通明港村，历史上是水师驻地，各朝都有军人落籍，形成多姓同居的杂姓村庄。目前该村有 7000 多人，49 个姓氏（最多时期达 57 个，如此多的姓氏汇聚一村，在全国也属罕有）。村中建有陈、李、何、黄、吴等多个宗族祠堂。各姓氏彼此和睦相處、平等相待，被评为湛江市特色文化村。除姓氏宗祠外，各姓氏宗族内还有众多的家族庙（又称“香火屋”），一般以三代以上的家族为单位建一家族庙。有的家庭还设有“香火堂”。

中国祠堂文化的滥觞，与中国古代传统的祖先崇拜思想有着密切关系。原始人们祭神最主要是祭祀祖先，实际上就是宗祠的前身。雷州半岛村落历史悠久，麻章村庄的古老宗族祠堂林立，现存的规模较大且保护较好宗祠，要数旧县村的彭氏宗祠、高阳村的黎氏宗祠，其他村庄的宗祠大多为近十年内重建的。旧县村的彭氏宗祠和高阳村的黎氏宗祠均建于清代，为三进门架构，梁架构件雕刻精美，其中黎氏宗祠的门廊梁架的驼墩还雕刻有“洋人托梁”（又称“番鬼托梁”）木雕，它寓反帝爱国感情和雕刻艺术于一体，属湛江特有的抗法文化。

2. 村落守护神庙

村落守护神庙又称“境主庙”，是村庄的守护神之庙。各村供奉的守护神各有不同，如土地庙、大王宫、泰山境等，数量较多的是土地庙。“境主庙”的设立多与村庄的历史和传说有关。各村的“境主庙”数量也不等，大村较多，如调塾村就有 11 个之多，小的自然村最少也有 2 个。

“石狗”也是麻章村落的守护神。以石狗作为村落的守护神这是雷州半岛独特的“图腾崇拜”现象，基本村村都在村口摆放一尊或多尊石狗，以守护村庄的安宁，从而形成了著名的雷州“石狗文化”。

石狗——村落的守护神

3. 神祇神庙

神祇神庙是村民供奉信仰之神的祠庙。如南天宫、天后宫、靖海宫、二帝庙、文昌庙等，供奉的是妈祖，观音菩萨、关圣帝君、文昌帝君等。各村供奉的信仰之神也各有不同，也与村庄的历史和传说有关。如调埝村的玄坛庙就有一段扣人心弦的黑虎现原形传说和水道浮来古樟树木雕刻神像传说。

在麻章，以历史久远、遐迩闻名、颇具旅游价值的神祇神庙有：旧县村的泰山府神庙、通明村的宣封庙、麻章镇的武帝庙。

旧县村的泰山府（又名东岳庙）历史悠久，其来历之谜，甚是神秘。据古碑文记载，此庙始建于唐代，占地面积约 300 平方米，其建筑艺术精湛奇妙，前后殿均为单进三开间，砖柱抬梁悬山顶。庙中有着不少十分珍贵的文物古迹：有乾隆五十四年（公元 1789 年）铁钟一座，

调塑村的玄坛庙

通高68厘米，直径52厘米，两侧铸有“风调雨顺、国泰民安”八个大字；一庙二神，塑有两樽奇异的软身神像——东岳大帝和康班二侯王像；还有反映民间集资放利养庙的会碑、神秘的古傩舞面具、古县郡留下的大量遗器等等，这些都给泰山府蒙上了一层神秘的外衣。泰山府具有较高的考古价值，早已是市文物保护单位。

通明村的宣封庙，是明万历十四年（1586年）白鸽寨把总童龙所建，庙濒临雷州湾，东南向。庙内现存明清碑刻7座、嘉庆铁钟1个、石雕惜字亭1座。神龛及坛前木雕有透雕、浮雕、圆雕多种，花卉鸟兽形象各异，反映出雷州半岛明清两代木雕工艺特色。中、后殿神龛楹联为当地名人手迹。中殿联为清朝状元林召棠手书，嵌“天后”二字：“海静波恬共仰天恩光普照；民安物阜咸歌后德被无私”。后殿联为清康熙间台湾知县、福建巡抚陈瑸手书，叙述关羽生平：“生蒲州事豫州战徐州守荆州万古神州有赫；兄玄德弟翼德释孟德擒庞德千秋至德无双”。该庙中殿原祀天妃（妈祖），清康熙间晋封天妃为天后，因改庙名为“宣封”，是全国唯一的宣封庙。中殿祀妈祖，后殿祀关羽，一庙

旧县村的泰山府

祀此二神，反映出此地原来既是沿海渔村，又是军队驻地的特点。

妈祖信仰是源于人们对妈祖景仰而逐渐形成的一种常规化古老民间信仰，起源于北宋时期的福建沿海地区。妈祖姓林名默，是福建莆田湄洲屿的一位普通女子，她死后，乡人感其生前为民治病，海上救人的恩德，就在湄洲屿立庙祠之。妈祖信仰是随着福建移民南迁而进入雷州半岛，在雷州半岛的沿海村庄，几乎都有神庙供奉妈祖，有专庙奉祀的（如调埝村的天后宫），在当地或叫“天后宫”、或称“天妃庙”，也有称“婆庙”、“婆奶庙”、“圣娘庙”的；也有合庙供奉的（如通明村的宣封庙）。专庙奉祀的妈祖庙也有其他神祇“陪祀”，如：南天宫主祀妈祖，陪祀观世音菩萨、关圣帝君；天后宫主祀天后圣母（妈祖），陪祀慈航真人、赵公明、黄大仙、华佗、王灵官，文昌帝君，真武大帝，四大天师等。随着妈祖信仰在雷州半岛的传播，对当地的海神崇拜（如龙王崇拜）起到一定的“排挤”作用。

麻章镇的武帝庙始建于清乾隆年间，同治元年重修。四合院式建筑，

通明村的宣封庙

前殿、拜亭、后殿各 1 座，通面宽 19.35 米、通进深 24.10 米，总面积 466.3 平方米。庙内现存同治元年、道光八年、光绪四年、光绪十三年碑刻各 1 方。门廊梁架的驼墩还雕刻有“番鬼托梁”木雕，已定为广东省一级文物。武帝庙还是清代抗法斗争的大本营——遂溪团练麻章营部所在地，现为湛江市爱国主义教育基地——麻章抗法基地纪念馆。

麻章镇的武帝庙

番鬼托梁木雕

“境主庙”和“神祇神庙”都属于民间信仰神庙，是村民寄托信仰、安抚心灵、慰藉精神的重要场所。

4. 宗教寺庙

麻章的宗教寺庙主要是佛教寺庙。麻章没有道教的专门道观，但村民信奉最多的却是道教的神祇，如元始天尊、太上老君、玉皇大帝、赵公明、始祖、康王、关公、土地等。而且这些神祇和佛教的神祇——如来佛、观音菩萨等可共处一庙受人供奉，这是西方宗教所不可企及的。麻章镇的佛教寺庙主要有：湖光岩楞严寺、白衣庵，湖光镇的敬云寺、圆明庵、宝莲庵，太平镇的莲华庵、明山庵、华馨庵、圆觉庵等。

麻章的佛教寺庙，最有名当属位于湖光岩风景区的楞严寺，该寺初建于隋朝，距今1480多年历史。楞严寺原名“白云祥庵”，为北宋僧人释宗供奉如来三宝佛之庙，清代更名为“楞严寺”——“楞严”二字取自佛教《楞严经》，表现佛法坚强的意思。楞严寺是世界上唯一以天然火山岩洞修建大雄宝殿的寺庙，寺堂结构平衡、深邃、严整统一，

湖光岩楞严寺

砖瓦木石所造的飞檐、门楼、台阁无不体现东方古典建筑文化的神韵，被列入全国最有名的 18 个古刹之一。寺庙大门上的“湖光镜月”四个大字，是清朝我国第一任驻美大使陈兰彬所书。殿檐镶有赵朴初题写的“大雄宝殿”牌匾，壁上画有人间仙境，佛家典故。如来佛像金身高达 3.8 米，其他金身佛像 12 尊。藏经楼有佛教赠送的经典 3000 多本，现存文物有：1 尊 30 公分高的木雕佛像，1 台 30 公分直径大的石香炉。楞严寺最令人神往的是李纲与释琮和尚月夜吟诗提字的故事：南宋建炎三年（1129 年），宰相李刚因力主抗金而被发配至琼州，途经此地，与僧月下对饮，目睹湖光映照岩壁，光彩动人，挥笔写下“湖光岩”三个大字，这个名字便一直沿用到今天。

圆明庵位于湖光镇东西岭村之间，湖光岩风景区东南，远望大海，近视田洋，隐于乡间林荫，是不可多得的清幽佛地。圆明庵始建于清光绪六年（1880 年），占地达 3000 多平米，大雄宝殿建筑面积达 2000 多平米，雄伟庄严，庵中有僧尼 20 多人，僧侣济世行善远近闻名，每逢佛诞，各地善男信女到此朝拜者如潮，平时慕名前往者络绎不绝，圆明庵的内修外行一直备受各界赞扬，连续多次被省、市评为文明宗教活动场所。

圆明庵

作为人们的精神寄托，各种祠庙在风雨中屹立了千百年。随着宗族制度的解体，社会与科学的进步，当代的宗族观念有所淡化，但并不意味着祠庙文化的消失。当代祠庙已不是完全意义上的传统宗族祭祖祀神场所，而更多地作为文化形态保存下来，其主要功能有四：

一是宗族祭祖祀神的场所。祠庙作为祖先和神灵的“寓所”，必然以祭祀作为祠庙存在的前提。祭祀是人神沟通的纽带，这是祠庙的最基本功能，也是宗亲成为宗族的物质标志和聚宗合族的象征。

二是寻根问祖、联络宗亲、维系乡情功能。宗祠和神庙代表着一个家族的祖先和信仰，蕴藏着一种质朴的精神动力，族人通过对祖先和共同信仰的神祇的祭祀，形成以同姓血亲关系的纽带，把整个家族成员联系起来，让宗亲获得宗族认同，构筑宗族内部的共同意志和亲和力，形成族群凝聚力和乡情。这种族群凝聚力和乡情感，在社会主义新农村文化建设及乡风文明建设中起到重要的作用。

三是文化传承和道德教化功能。在社会主义精神文明建设的条件下，农村祠堂往往成为新文化建设的阵地，祠堂陈列有书画报刊，相当于农村小图书馆，让村民阅读书报，增进知识，提高文化素质，成为村中的文化中心；祠堂的匾额、楹联、碑记，以及族规家训，蕴含着爱国爱乡、孝悌、敬业、诚信、友善，勤劳、俭朴的社会主义核心价值观的道德内涵，有利于形成尊老爱幼，扶贫济困，礼让宽容、文明道德、和谐友好的新风尚。

四是文明的祭祀文化也具有社会主义核心价值观的要素。在社会主义核心价值观的指导下，当今农村的祭祀文化蕴含着深刻的人与自然、人与社会以及人与人之间和谐相处的理念，以及爱国爱乡、倡导忠孝、追慕祖德、发扬祖业、共勉向善、团结族群、消除内耗、增进亲情等多种优良的文化建设要素和道德教化功能，是新农村精神文明建设不可或缺的重要内容。

总之，民间性、亲和性、包容性是祠庙祭祀文化的显著特点，千百年来世代相传，已与百姓日常生活水乳交融，充分体现祭祀民俗的普及性和深入性，并与其他民间信俗一起，成为民俗文化的有机组成部分。祭祀民俗也是一门社会科学，它不仅因为祭祀事象见之于农村乡镇的各个村落，渗透于广大民众的生活之中，而且亦反映着民族的心理和精神。从这一意义上说，祠庙文化及其祭祀活动就是一种传统的民间风俗，包含了社群的、人际的、精神的及语言、行为、习惯等诸多社会要素，不但显现出富有特色的文化现象，而且体现出民众的淳美之风，甚至制约其行为规范及道德准则，从而构成农村文化的重要因子和民间文化的基调。同时，它还有独特的艺术审美功能，包含一定的欣赏性、教育性、文化性和宗教性等复杂的文化基因。研究祠庙文化对认识民族文化、地域人文、历史社会等等都有着重要的价值和意义。

（二）古石狗——图腾崇拜遗存的村落“守护神”

在雷州半岛，有一种古老的石刻工艺，以当地玄武岩石（俗称青石）为材料，用锤、凿、琢等较为简单的工具雕刻而成狗的模样，虽形态各异，寓意不同，都通称为石狗。这种工艺历史悠久，从而形成了盛行于雷州半岛的石狗崇拜。相传石狗崇拜起源于古百越族的狗图腾崇拜和雷州半岛关于狗耳呈祥、雷祖诞生的民间传说。其实，石狗雕刻艺术的出现在中国有着久远的历史，从雷州雷祖祠（兴建于唐初）前所存的石狗可证，我国至少唐朝以前便有了石狗雕刻。因而，雷州半岛应是我国石狗出现最早的地区。石狗被誉为“南方兵马俑”，在湛江主要分布于雷州、徐闻、麻章、遂溪、廉江等市县及市区和东海岛一带。麻章位于雷州半岛的北端，古时也是南蛮荒芜之地，民俗信仰大多与雷州、徐闻等地相同，村民都有崇拜石狗的信俗。故麻章的石狗也很多，各村基本都有分布，现在大多都是原生态地保留在原居地——特别是在一些历史比较悠久的村庄。

麻章的石狗形制多样，有坐狗、卧狗。论面部特征的有尖喙、长喙、短喙；论形态的有笑狗、唱狗、沉默狗（守望狗）。有鬈毛狗、三头狗、竖耳狗、垂耳狗，还有肥狗、瘦狗、大狗、小狗，更有成双成对的公婆狗，麻章人讲究圆满，成双成对的公婆石狗弥足珍贵。

不同形态的石狗各有不同的寓意。在各种形态不一的石狗中，有雄壮威猛的“守护之神”，有生殖器硕大坚挺的“生育之神”，有足踩石鼓、铜钱、乌龟的“福禄寿之神”……人们往往带着不同的目的对不同的石狗进行供奉，以祈求实现心中之愿。

石狗作为当地民间信仰崇拜的特殊载体，在历史发展中逐渐被尊奉为神，从驱邪镇魔、守境护民到呈祥报喜、迎送礼仪、祈雨送子等，赋以多种神的职能，集多神于一体。在麻章的农村，石狗是百姓的守护神，是他们心灵中的圣物。这些石狗被供奉在村口，路口、门口、庭院、祠堂、土地庙、水塘、水井、祖坟前，这些宝具是不能随便乱动

麻章程村的石狗和旧石器

三头狗

的。那么，石狗本身对于村民又有什么意义呢？按照石狗“功能”的分类，麻章的石狗大致可分为三类。

成双成对的公婆石狗

不同形态的石狗带有不同的寓意

1. 守护神类石狗

一般头朝前方，表情威严，身饰云雷纹，脚踩八卦图或雷鼓、法网、仙镜等驱邪器物，取雄立式，状如扑击，属武相造型。有的还有人面狗身的狗神人形和狮形等造型。这类石狗具有驱邪镇魔、守境护民作用，一般用于镇守村口田园、寺庙祠堂、江河道路、山坡坟茔。

镇守村口田园的石狗

2. 礼仪神类石狗

一般造型面相较善，咧着嘴巴，笑容可掬，表情和蔼，端庄斯文，多取蹲坐式，属文相造型。这类石狗具有招财纳福、喜庆吉祥、迎接贵人、添福添寿作用，一般摆在门前、商铺、戏楼、钱庄。

3. 福神类石狗

该类石狗专司祈雨、送子等职责，一般造型独特，头向青天，平方脸，身饰吉祥如意纹，有的刻有硕大生殖器，多取似坐似立式，属文武兼相造型。这类石狗具有求雨、求子等专项作用，一般摆在田头、寺庙、祠堂等地。

雷州半岛石狗崇拜是当地远古原住民族的犬图腾崇拜所留存的图腾

脚踩钱串纹财神石狗

崇拜印记之一。据考古所证，狗是雷州半岛原住民古百越族的图腾，它在帮助先民战胜野兽、护卫家园中起到十分重要的作用。后来汉民南迁，民族杂居，体魄健壮的狗同样受雷州半岛各族民众的崇拜。于是便雕刻成高大威猛、带有硕大生殖器的石狗进行祭拜祈祷，还祈求其保佑多子多福，小孩平安长大，若有灵验，又前来答谢石狗，于是便有了石狗崇拜。直到现在，在村民的心中，石狗就是村民心中的守护神，一直以来，村中那些多病难养的孩子，父母就会抱来契附石狗，以求石狗庇护健康平安。因此，村中叫“石生”、“石养”、“石栖”这些名字的人比较多，还有那些叫“狗仔”、“狗弟”、“狗妹”的，除了长辈昵称之外，也有想沾沾石狗的灵气，让孩子健康成长的美好愿望。这些看起来充满“野味”的名字，实际上是父母对子女的一种关爱。直到现今，一些抱孙心切的老人，仍在初一、十五日捧三碗番薯（地瓜）粥或三碗饭与一块猪肉，悄悄地向石狗烧香求拜，以求狗神保祐。随着时代的发展，雷州半岛民众还对石狗又赋予了种种神奇的传说。

有一传说，很久以前，雷州半岛大旱，一巫师称，是太阳神的恶作

生殖器硕大的石狗

剧，只有天狗才能逼使太阳神降雨。这时，人们便想起与天狗同为兄弟的地狗。人们用绳捆绑着石狗，抬上荒坡游行，并用荆条不停地抽打，吆喝着“快些去天上讨雨，要不就去吃屎”的话语，地狗受到鞭笞后，便向天狗说明原委，天狗听后就冲向太阳神狂吠，要其招云降雨，要不就咬死它，太阳神惊怕了，立即向雷神、电母、云师求情降雨。三天后，果然雷州大地普降甘霖，黎民庄稼丰收。雷州半岛两面临海，气候独特，降雨量较少，旱情常见。1949 年前，这种效仿抬石狗游坡求雨的事在雷州半岛屡见不鲜，有的规模还比较大，参与人员多达三千人。

石狗文化是雷州半岛人民世代繁衍生息中遗留下的宝贵文化，也是一种独特的民间石雕艺术创作。很可惜，在“文革”期间，石狗被视为“四旧”而遭劫，许多石狗被砸毁，弃之深山荒野，有的湮没沙泥、河渠之中，难觅其踪影。

笃信的村民在向石狗烧香求拜

村民在抬石狗游乡祈福

随着时代变迁，当今石狗的传统文化内涵已日益淡化，新村新楼房更难见石狗的踪影，导致石狗雕刻工艺渐遭冷落，石雕艺师多有转行，或为寺庙祠堂雕刻龙凤花鸟，石狗雕刻艺术正面临失传的危险，抢救和保护工作迫在眉睫。

石雕艺师在雕刻石狗

第三章　经典民俗文化个案研究

一、温情的岁时节令——蕴含真善美价值的乡情民俗

麻章人的岁时节令民俗，丰富多彩，源远流长，温馨而热烈，体现了人间的真善美。

（一）年例

年例是盛行于粤西地区一个独特的传统节日，所谓年例，即是年年有例。不要误认为年例就是年宵，其实多数村庄的年例时间并不是年宵节这一天，年例的时间由各村根据本村的历史和传说来确定。也就是村村年例不同，年年时间不变。年例的重要性对于当地民众来说，是最为重要的节日，所谓“年例大过年”，即年例比春节还重要，年例这一天，无论你离家有多遥远，都要赶回家里做年例。

麻章区城乡都盛行年例，大约起源于明清时期。各村年例的日期一般为本村民所侍奉神灵的“神诞”之日，或祖先迁移落脚建村纪念日等。虽各村的年例日不尽相同，内容也各异，但时间多数集中在农历正月和农历二月。如麻章圩为正月二十一日，一般请二十班狮班、十班龙班，还有鹰雄班，三十班飘色巡游，以祈求一年风调雨顺、五谷丰登、人身健康、国泰民安，这一天十分隆重，民众都在家设宴招呼亲朋好友；正月二十八是太平镇肖渔村年例，村民每户都烧猪祭拜雷首庙，全

村 200 多头烧猪有序排放在雷首庙前，场面十分壮观；农历二月十一、十二是太平镇麒麟村年例，最壮观的活动是爬刀梯。

2016 年麻章举行年例文化节

麻章的年例具有浓厚的民俗风情和乡土气息，其庆祝的形式，也表现出了乡村人的淳朴、厚道、热情、乐观的精神状态。

1. 做年例

对主人家而言，年例就是个“做”的过程。做年例的程序有“起年例”，“正年例”和“年例尾”。“起年例”有“游神”活动，家家户户准备“三牲”拜神和“摆醮”，一般要拜土地庙和灶君。“正年例”则要准备最丰盛的菜肴宴请宾客，家人陪着亲朋好友从中午就一直吃到晚上，迎来送往，热闹非凡。到了“年例尾”，要火烧纸船遣灾，请菩萨回庙，年例也就此结束。

2. 游神

就是将村民最信奉的神（菩萨）从庙里“请”出来，按预定的线路到每家搞一次摆醮，再转回庙里，完成一个圆圈式的流动，最后在凌晨时将纸船烧掉，这个活动才算彻底完成。游神是年例最隆重的活动。

3. 摆醮

是敬神的一种仪式，也是年例的“重头戏”之一。各家把准备的“三牲”和丰富供品拿到自己家的门口、广场、村口或者庙宇前摆出来，供游神的菩萨享用。“摆醮”时道士唱读祝文，民众顶礼膜拜，祈求神庇佑来年风调雨顺，平安大吉。

4. 食年例和看年例

有办年例就一定要有人来食年例和看年例，这也是麻章人过年例的重头戏。宴请客人，这是年例活动中的一项最具有实质性的内容。为神准备的丰盛的供品，在神的面前大大方方地摆放了一阵以后，又丝毫无损地拿回了家，经过一番深加工，摆到了餐桌上，让客人大鱼大肉大食一餐。由于各村年例的时间是错开的，今天吃了这个村子的年例，明天吃另一个村子的，今天我到你家吃年例，明天你到我家吃年例，人人参与，便成了以吃喝为主的“年例”活动。年例日家家户户广延宾客，早晚不停地宴请亲朋好友，宾客们随到随吃。所有血亲姻亲表亲、亲朋好友、同事同学，朋友的朋友、同学的同学、认识的人和不认识的都热烈欢迎，来客越多摆的台数越多，就证明该户人家越兴旺，总之亲戚朋友越多越好越吉利，主人家会竭尽所能地让客人吃得高兴吃得尽兴。

年例期间还有各种民俗艺术表演，竭尽所能都是为了媚神，讨得神的欢喜，以祈祷来年风调雨顺、五谷丰登。所表演的节目都十分精彩，有的难度非常大，只有年例这个时间才能表演的，如：傩舞、穿令箭、翻刺床、爬刀梯、过火海等。近年来，随着时代的不断发展，除了传统

本书作者在麻章村民家中吃年例

的节目外，电影、戏剧、音乐会、体育比赛、猜谜活动等现代的艺术形式也日渐成为人们的新选择。不知神有没有看到，人却是大饱了眼福。

年例活动是一种民俗信仰的表现，有其积极因素。许多办年例的人认为办好了年例，今后的一年就会风调雨顺，这是一种精神信仰，不知支撑了多少人度过艰难困境。年例的独特性也增强了当地人的一种乡土优越感，本村拥有着独一无二的节日，无疑是值得自豪的。

（二）过节

麻章的民间节日，除年例外，大多数与内地同。如：春节、元宵节、清明节、端午节、中秋节、情人节还有鬼节等，有的村庄还有自己独特的巧取节庆，如关公磨刀节、天皇诞等。从农历初一（春节）直到年末的除夕，一年到头，节日不断。而且这些节日也有麻章人的特色。

麻章人过节（通明村的巡游活动）

1. 春节

春节是麻章民间最为重要的传统节日，春节在乡下普遍叫做“过年”，有大概念的“过年”和小概念的“过年”。大概念“过年”的时间跨度从大年三十至农历正月十五元宵节才结束，有的村庄年例在元宵节后，则“过年”延至年例结束。小概念的“过年”只指年晚至农历正月八，也有的地方过了“年初三”则算“年”已过，各地不一。春节是麻章区民间每年最为隆重的日子，年晚饭是重头戏，是亲人团聚、孝敬长辈、关爱晚辈的日子，菜肴必须是最好最丰富的。到年初一（春节）这一天，有的村庄民众还兴早上吃素，中午或晚上再聚大餐食荤。初一要祭祖、要给老人祝寿、大人要给小孩“压岁钱”，大家要讲吉祥话。

麻章人“过年”要有五种吉祥物：春联、年画、爆竹、压岁钱、花卉（年桔）。春节燃放爆竹叫“烧炮”，于除夕深夜零时开始，年初一早上开门也要烧“开门红炮”，爆竹声后，碎红满地，灿若云锦，称“满堂红”。爆竹燃放得越多，新的一年福祉就越多。这时，男女老少穿着新衣，长辈给小孩子派“利是”。出门之后，便是“出拜所亲，阎里相贺”。

麻章人“过年”有一个习俗：大年初一不扫地，不用刀具，不杀生，不向外泼水，不走后门，不打骂孩子，相互祝贺要说新年大吉大利，万事如意。

“过年”的日子，从年晚到年宵，包括年例在内，各种文化娱乐活动都很丰富，亲戚朋友走动频繁，是一年中最开心的日子，所以人人都盼望着“过年”，尤其是小孩。

2. 端午节

麻章民谣有云：“五月初五食古粽爬龙船。”说明吃粽子、看龙舟赛是麻章端午节最隆重的节目。端午节，麻章村民还有一习俗：五月初一就要在门楣插艾枝，用艾叶、香茅叶、五指枫叶、蛤蝼叶、黄姜等煮水洗头洗操，表示去掉晦气，杀菌护肤；然后是包粽子、织鸭甴粽。

插艾是麻章人端午节的重要节目之一。古人认为五月初五为“重午”，是犯禁忌的日子，此时五毒（蝎、蛇、蜈蚣、蜘蛛、蟾蜍）尽出，艾草可以驱邪避毒。作为一种传统民俗，麻章人最早在五月初一便家家户户门口都插上艾枝，祈求平安。其实，艾草是一种气味芬芳，能

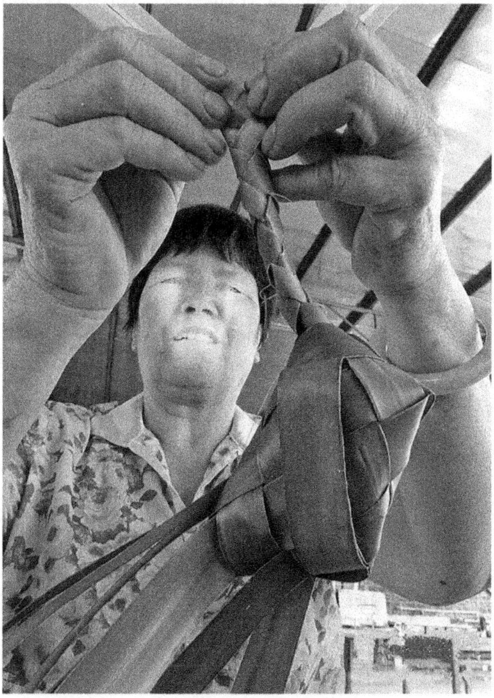

村民织麻章鸭㖩粽

散寒除湿，祛风醒神的草药，插在门口，是有益于健康的。这种习俗，看似迷信，实际是一种有益的卫生活动。同时，艾草在传统中还有吉利纳福之意。

端午节也是麻章的“女儿节”。旧时雷州半岛各家的闺女，都有用五色花布做布袋香囊赠情郎的习俗，端午节是情人互送定情礼物的最佳日子。可惜此俗自20世纪60年代后逐渐式微，现已较为少见。

端午节的龙舟竞赛是重头戏。每年端午节，靠近海边或江边的村庄都要举行龙舟赛。过去赛龙舟时，还有向水里投放粽子的习俗。现在向水里投放粽子的习俗已消失了。

3. 清明节

清明节是全国统一的祭祖扫墓节日，麻章人也不例外，并且十分注重。麻章人崇宗敬祖观念十分强烈，他们视清明节为仅次于年例的重要节日，虽远在外地工作或经商，即使远客他乡，也要赶回家祭祖扫墓，否则被视为不孝。

麻章区群众拜祭扫墓一般有姓氏宗族性扫墓和家族扫墓。较大的宗族性扫墓一般于清明节前几天或推后若干天进行，家族扫墓一般于清明当天进行。清明节祭祖扫墓一般都烧猪、宰鸡杀鸭，有的还摆上大虾、蟹（表示鸿运当头）、墨鱼（希望子孙有文化）、松糕（希望生丁发财）、饭团、鸡蛋、鸭蛋等为祭品，在坟前点上香烛，烧纸钱、冥币，放鞭炮。现代人祭祖扫墓还烧纸糊的“汽车”、“电视机”、“手机”等现代化用品，表示现在生活好了，祖宗享受也应与时俱进。

4. 中秋节

麻章人与全国一样，把中秋节看成团圆的节日，外出工作的家庭成员能回来的尽量回家过节，吃团圆饭，吃月饼赏月。过去，麻章人逢中秋夜，都举行祭月仪式：在案台上摆上月饼、西瓜、红枣、蒸芋等祭品，将月亮神放在月亮所在的方向，红烛高烧，全家人依次拜祭。拜祭完毕后，当家主妇切开团圆月饼，切月饼的人预先要算好全家共有多少人，在家的和外出的都要算在一起，不能切多，也不能切少，并且大小要一样。接着大家吃饼赏月，品茗问月，共话亲情，庆贺美好生活，祝愿远方亲人健康快乐，与家人“千里共婵娟”。这一习俗，现在仍有流传，寄托着人们对生活的无限热爱和对美好生活的向往。中秋节期间，麻章也有许多民俗表演，和家人一起看表演，其乐无穷。

5. 七月十四节

又称“盂兰节”，麻章人称为“鬼子节”，是祭祀祖先、祭拜孤魂野鬼的日子。每年农历七月十四，麻章村民都要在这一天宰鸡杀鸭拜神鬼。相传每年农历七月十四日或从七月初起，地狱的鬼门关会开放一个月，阴间无人奉祀的鬼魂会被开禁放出来，人们便在七月十四日用纸

中秋节家人团聚，品茗赏月，乐也融融

钱、纸衣、香烛、米饭、豆腐、豆芽等东西去祭祀这些游魂野鬼。这一天，好奇的乡村小孩常常会成群结队跑到山野上，看野鬼在山稔果上留下的指甲印痕，判断哪里的野鬼多。这一天，庵堂里还举办盂兰会，在盆中置百味五果，供奉十方孤魂，超度四方饿鬼。旧时雷州半岛人深信，起源于目连救母的盂兰会，世人对孤魂野鬼的修供，能福报亡世父母在阴间的倒悬之苦，报答父母的养育之恩。

6. 冬节

冬至，是我国农历中一个非常重要的节气，也是一个传统节日，麻章人称为“冬节”。麻章人有“冬节大如年”的说法。传统做法，冬至那日，麻章各家各户都在家祭祀其祖先，同姓合族往祖祠集祀。麻章人十分重视冬节宗祠祭祀，如果不让你参加冬节的祭仪，那么就表明你犯了族规，已被宗族除名。冬节宗祠祭祀十分隆重，有司仪，有主祭，有鼓乐。宗族中辈分高的最年长者当主祭，然后按辈分、官阶列队。祭后按宗族男丁分胙肉，年长者（60 岁以上）及在科场上取得秀才以上科名的，可领双份。冬节宗祠祭祖，是麻章人崇宗重祖，敬老尊贤的好传统。

麻章人的岁序节俗除上述节日外，还有许多节日形式都深受群众喜爱和承传，如七夕乞巧节，九月九重阳节等。一年到头，几乎月月皆有节。麻章人的节俗内涵丰富，意蕴厚重，是雷州传统民俗文化的重要内容之一，我们应当继承其积极成分，让这一民俗文化与现代文明交相辉映。

（三）祭祀

祭祀是民间信仰的一部分，也是儒家礼仪在民间中的主要体现。祭祀在古代是最重要的社会规范，“礼有五经，莫重于祭，是以事神致福”。（《礼记·祭统》）在古代，祭祀是有严格等级的，祭祀对象分为：天神、地祇、人鬼三类，对天神称祀，地祇称祭，宗庙称享。天神地祇必须由天子祭，诸侯大夫只能祭山川，士庶只能祭自己的祖先和灶神。现代社会也还保留着许多传统的祭祀活动，但等级观念已模糊。清明节、端午节、鬼节、重阳节等节日是民间重要的祭祀日。

祭祀活动是一种敬神、求神和表达信仰者愿望的活动。古时人们认为，万物（包括人、天地、山川、石树、动物等）是有灵的，灵魂可以离开躯体而存在，这些也具有人的七情六欲，需要像对待生者一样奉侍它们，所谓“事死者 如事生”（《弟子规》），祭祀便是这种灵魂观念的派生物。祭祀最主要的活动是拜祭神灵偶像。方式有：在偶像面前陈列献给神灵的食物和其他礼物，由主持者祈祷，祭祀者则对着神灵跪拜起愿，同时通过唱歌、跳舞、演艺等以媚神。

一个地方的民间崇祀信仰，不仅与这一地区的地理环境、历史沿革和人员组成有密切联系，而且反映了这一地区的风气和民众的价值追求，也反映了这一地区所面临的社会问题。麻章的民间祭祀从属于雷州半岛民间祭祀，是雷州半岛民间祭祀的缩影，由于雷州半岛地理环境特殊，历史沿革复杂，在民族融合中形成了以移民为主体住民的格局，因

调塾村玄坛庙祭祀神祇

而它的民间祭祀既有地域特征，又带有浓厚的移民色彩，构成了颇具影响的历史人文景观，最大特色是祖先祭祀与神祇祭祀融为一体。因此，麻章的民间祭祀也主要是祖先祭祀与神祇祭祀，并且两者融为一体。

1. 祖先祭祀

祖先祭祀是一种以拜祭死去的祖先亡灵以祈求庇护的祭祀，是一种由图腾崇拜、生殖崇拜、灵魂崇拜复合而成的原始宗教行为。麻章人的祖先崇祀观念特别强，每个宗族、家庭都相应设有供奉祖先的祀堂或神位，每逢重要的岁时节日必祀宗庙；家祠也于每月初一、十五必须给祖先神主牌焚香，岁时节日用牺牲果品进行祭拜。麻章人的家祠奉祀至高祖，宗祠神主牌位排到宗族始祖。

麻章人家祀一般由家里的长辈或长子主持，在先辈神主牌前摆上供品，焚香后，家人依次进行叩拜祈福。家祀的目的是悼念已逝的长辈，缅怀其养育之恩，以其优秀的传统和品德教育晚辈。宗祠一般都要举行“行礼”仪式，由族中辈分最高、最大的长房嫡孙担任主持。一般有如下流程：在祖宗神主牌前摆上供品，主持宣布行礼开始，鸣鼓三通，主祭成员各就位。然后是上香、敬酒，行三跪九叩首礼，焚祝文、化宝。

重要的宗祠活动，全族男丁（外出的也要回来）参加。宗祠的目的是通过追思共同祖先的“木本水源”之恩，用血缘上的联系团结族人。

麻章人的祭祀有对祖先建功立业的歌颂和养育之恩的缅怀，体现了对祖先的崇敬和怀念，从而激发后人在社会生活中要记住祖先的家训，弘扬他们的优良传统美德，继承和光大他们未竟的事业。应该说，这不是纯粹的封建迷信活动，因为这是用祭拜祖先来寄托人们的愿望和对祖先的缅怀，这是一种传统礼节教育，是共建和谐社会，促进文明道德建设的形式，有利于精神文明建设。再者，祭祖时繁缛隆重的仪式，又是一种很好的崇宗敬祖的教化手段，可以将传统教育制度化、规范化。

2. 神祇祭祀

神祇是指人们信仰的神灵，是吉祥、威力和正义的精神化身，象征着和寄托着信仰者的愿望、幸福和慰藉。古代的民间神祇，大致可分为两大类：一类是官方认可的神明，一类是没有被官方认可的、士大夫称之为“淫祀”的鬼神。在官方认可的明神中，又有两种情况：一种是被政府通过列入国家祀典或加封赐匾方式认可的民间神明，如天后、龙母等，另一种情况是将国家祀典或政府提倡的神明接受为民间神明，如北帝、关帝等。

麻章城乡神庙众多，供奉的神灵既有官方认可的明神，又有所谓“淫祀”的鬼神，而以神明为多。这些神灵大致可分为人神和自然神两类。

人神原本属真人，但随着人们对其信仰的加深，已晋升为神。这是祖先崇拜和英雄崇拜的产物，是社会力量的象征，表达了人类对征服自然的伟大力量的崇拜和英雄崇拜之情。麻章人崇祀的人神众多，每个姓氏都有自己的恩主公，但妈祖、关帝和康王是当地信众最多的人神。

妈祖原人叫林默，是由福建传入沿海地区的人神。由于雷州半岛三面环海，住民几乎都是南迁的莆田人的后裔，以渔业为主。这种特殊的地缘、亲缘关系，使这位女神成为最受雷州半岛人崇拜的人神，人们把她当作航海的守护神来奉祀，其庙宇遍布城乡。船民出海前都要致祭妈祖，祈求海不扬波，商旅平安。由于妈祖还具有“送子娘娘”和抗御水旱病疫的神力，“灵迹甚著”，因而平日朝拜的香客如云。每年农历三月二十三日妈祖生日，村民都要举行盛大的拜祭仪，出动舞狮队、舞龙队、飘色队和八音锣鼓队游神，晚上演娱神戏，形成独特的沿海文化现象——妈祖民俗文化。

关帝即是关羽，是三国时代刘备手下一名勇将，在文学、传说中集忠、义、勇于一身，被民间神化后成为人神，在内地为忠义勇神，港粤等地还赋予财神之称。麻章则赋四大功能于一身，以忠义勇神为主。

康王即是康保裔，是北宋时期龙捷的一名指挥使，善骑射、武艺高超，在抗击辽人战争中屡建战功。在任高阳守将期间，与契丹入侵者沐血奋战中为国捐躯，死后被救封为“威济善利孚应英烈王”。古时雷州半岛战乱频仍，瘟疫肆虐，当地人敬佩康王忠勇，梦想他是天帝派来保雷州半岛平安的，因而家家户户都把他当作家庭的保护神，在家里设神位供奉他，建“康王庙”奉祀他。有的给儿子起名带一个“康”字，如陈康×、林康×、李康×等，这种奇特的人神崇拜现象，是其他地方少有的。

麻章人所祭祀的人神都是历史上品行高尚的人，他们或造福一方，惠泽百姓，或崇尚名节，或为楷模。这种神祇祭祀，体现了乡民淳朴的感恩之情和崇尚名节的道德价值取向，也寄托了麻章人对生活的期望。

自然神源自于人类对自然伟力的敬畏。麻章人祭祀的自然神有土地公、灶神、石狗公、泰山王等，其中对土地公、石狗公的崇拜最为强烈。

土地是民众赖以生活的基础，人们的生活离不开它，于是有了土地神崇拜。土地神在内地叫“社神”，雷州半岛人把它称为土地公。麻章城乡的土地庙特别多，仅调塑村就有8间，令人称奇。

土地神在农民的心目中尤为重要，他可以保护农业收成，也可以保佑生意人经商顺利，旅客旅途平安，甚至可以保护坟墓，不受邪魔侵

康王

扰。土地神是功利性极强的自然神，麻章人把它当作祈福、保平安、保收成的地方守护神祇。在雷州半岛的传统文化中，还把土地公相当于地府的行政神。在丧葬习俗中，死者坟墓左边要立一块石，当做土地神，希冀其保护死者的安宁；清明扫墓，必先拜祭土地公后才能对拜祭祖先。

石狗公崇拜又叫石狗崇拜。古时麻章每条村庄都有石狗公崇拜，几乎村村有石狗，可惜现在遗存不多了。古麻章人把石狗当作“守护神”，在山坡、田坑、水口、坟墓、村口、巷道、家门口等处安放石狗，逢初一、十五都要烧香膜拜，祈求石狗公驱邪镇魔，保护人们出入平安、家室安宁。麻章人戏称自己喜爱的儿子为“狗仔”，狗肉不能上宴席等，都是石狗公崇拜文化的一种。石狗公崇拜文化是雷州半岛民俗文化的一道亮丽风景线。

麻章的自然神崇拜中，还有灶神崇拜、古树崇拜、海神崇拜、山神崇拜（麻章没有山，但崇拜泰山神）和月亮神崇拜等。因此，麻章是

雷州半岛的石狗公崇拜

一个多神崇拜的神奇之地。

麻章多神崇拜还有一个很大的特点，就是兼容性。麻章农村神庙可以兼容多种神，有道教神、佛教神和民间信仰神；人神和自然神可共处一庙；一庙祀多神是常见的，且各神所受的礼遇、享的祭品都是相同的。

麻章农村有佛教祠庙，却没有专门的道教场所——道观，但民间信仰最多的却是道教的神仙，如元始天尊、太上老君、赵公元帅等。佛教菩萨在民间宗庙里往往只是陪祀，更有甚者，道教神仙、佛教菩萨与祖宗共祀时，竟然共享三牲（牛、羊、猪）和荤祭品，确有点不可思议。

麻章人的民间崇祀，热烈虔诚，它把人生价值、生活目的都寄托在多神崇拜上，用神祇的普济关怀性来满足人们的特殊需要，因而不能简单地把它看作封建迷信，而应该看作一种精神的凝聚，一种对民众日常行为的约束，是城乡社会稳定和发展的原动力。

(四) 人生礼俗

1. 婚嫁习俗

男大当婚，女大当嫁，古今皆然。随着社会的发展，旧时的婚嫁礼俗虽然失去了原有的市场，但在麻章乡镇民间婚俗仍保留许多传统风俗，有着一整套的程序，独具一格。

(1) 相亲。相亲大致有相睇、订婚、授礼三个阶段。

相睇。麻章农村，男女一般到了十一二岁，就会有媒人前来做媒。媒人鼓动三寸不烂之舌，多番游说于男女双方的父母之间，往往会说得双方父母心悦相允（也有事前双方父母经过简单的了解后拓媒的）。通过媒人的介绍，如果双方父母有意，女方父母便公开派人至男方家庭了解情况，称“睇门第”或“睇屋舍”。男方设宴款待，赠来人红包。无异议后，可通过媒人约定时间地点，让男女双方见面，称“相睇”。相睇时，一般男女双方均有人陪睇。如果相睇或偷睇后当事人不满意，可终止交往。也有父母喜欢，子女虽不满意，但双方父母坚持，交往也可能继续进行。

订婚。媒人用各种方法说服男女双方同意后就进入“订婚”阶段。双方父母商定聘金和嫁妆。女方强调身价，男方强调嫁妆。身价就是男方要出的礼金，数量一般要与男方家景相称。嫁妆是女方的陪嫁物品，包括箱柜台床椅被褥蚊帐衣服等。订婚仪式要经过“开书合命”，由男方把男女双方的生辰送八字送算命先生合算，称为“合年庚”，如果无相克即可正式订婚。男方先按原来商定的聘金数开给女方礼单，称为“礼目帖”。女方收到男方的“礼目帖”后，也要回复“礼目帖”，按原定嫁妆写明“奁单”。从此，一对从未相识或未曾相互了解的男女的婚姻大事就凭“父母之命，媒妁之言”给定了。

送礼，也叫“装礼”。男女订婚后，男家已选定了迎娶的良辰吉日，备些酒肉礼品，派媒人通知女方结婚的日子，征询女方父母的意见。女方同意后，男家一般在结婚前半个月左右下聘礼。聘礼除了礼金外，一般还有鸭、猪、肉、糕饼等。讲排场的有钱人家则抬着金银首饰、烧猪包点，大吹大擂地送到女家。

（2）结婚。结婚包括哭嫁、迎亲、婚礼三个程序。

哭嫁。哭嫁是麻章区农村婚嫁活动中女子盛行的杂俗，也是一个最具特色、有趣的民间艺术，堪称雷州半岛一绝。女子出嫁前（约半个月）每天晚上要哭嫁，即新娘躲在自己的房里，点着媒油灯，面壁而坐，一声声一句句的学习哭起“嫁”来，其音调似是优美的旋律，又似是幽怨的悲歌，叫人难辨其中滋味。继而，邻居的同龄姐妹也陆续前来陪“哭嫁"，少女们清脆的哭声汇集于一室，热闹非凡。哭嫁的声调多哀、怨、恨、骂，内容大致是感激父母养育之恩，也有对媒人为其做媒的咒骂等等。据说这哭嫁是为避邪。东海岛女子的哭嫁尤具特色，称“东海嫁”。

迎亲。临近结婚的前几天，新郎要理发，新娘要“开面”。“开面”就是请有经验的“中年贤妻良母”型妇女，用麻线绞去新娘脸部的茸毛。为出嫁新娘梳妆打扮，等待出嫁。男方雇请人抬着轿（现代用小车）、带着彩礼到女方家迎接新娘。有的还有八音锣鼓一起前往，热闹非凡。男方花轿到后，新娘上轿前还有踢轿门等习俗。新娘上轿后，轿夫抬起花轿要进退三次才出村口。迎亲队伍一如来时那样，鼓乐宣天，热闹喜庆非常。陪娘要随新娘到男家侍奉三朝。在迎亲那天或前一两天，男方要择定时辰，请两对“好命”夫妻帮助铺床。床上要撒上红枣和花生，取“早生贵子”之意。

婚礼。迎亲队伍回来，花轿停在家门口，新郎肃整衣冠出迎，向花轿行鞠躬礼，亲手揭开轿门，由两名“命好”妇女扶新娘下轿，姗姗而行进入新房，新娘的脚不得踢及大门和新房房门的门槛。新娘入新房坐下，新郎掀开新娘头上红巾，用折扇击新娘头部三次，俗称“打扇头”，意即今后新娘不得有违夫命。期间，男方家大摆宴请亲友，新郎新娘当堂行三拜礼（一拜天地，二拜高堂，夫妻对拜）。席间，新郎新

传统婚俗（迎亲）

娘在父母的陪同下逐桌敬酒，至晚上还要行合卺礼以及闹新房等杂俗。

（3）婚后。婚后还有如下程序要做：

新妇敬茶。也称饮“新妇茶”或“饮甜茶”。婚礼的次日，新娘用新的茶盘茶杯盛着糖茶，拜见家公家婆及家族长者，双手敬茶。新娘敬茶后，收到打赏的见面红包，也宣告新娘正式进入家族门第。

三朝回门。也称“回娘家”或“归宁”。新娘出嫁第三天，有返回娘家的习俗。要夫妻双双一齐回门，回门礼物必须有阉鸡、猪肉、礼饼、糖果之类。女家会把部分礼物分送亲朋邻里，表示女儿已出嫁，在婆家一切顺利。一般娘家杀鸡款待女婿，大餐后当天返回，并不留宿。

此后，每年的农历初二，女婿都要携带妻子回外家拜年。

2. 生育习俗

（1）求子，也叫“求嗣”，是夫妇结婚后的求子活动。有的到神庙拜观音求神送子；有的先服保胎药，然后祈求祖先保佑或向古树许愿，求赐生贵子；有的借生育男孩多的夫妇的裤带交换使用以粘福得子。也有的在妇女怀孕一至三个月内杀白公鸡两三只，每次用白公鸡煲猪鞭一条，白果两粒，给孕妇服食，认为这样可以达到生男孩的愿望。

（2）接生。历史上麻章农村主要靠村里老妇和产妇的家婆接生，没有产前检查，婴儿出生时脐带用剪刀或菜刀割断，没有消毒，容易受感染，死亡率较高。中华人民共和国成立后用新法接生，产前检查，服药打针。一般产妇到当地卫生院生产，有胎位不正或难产者，送市医院接生或剖腹取胎。产妇母子平安，新生婴儿都能健康成长。

（3）生育庆典。封建时代，“男尊女卑”“重男轻女”。产妇“坐月”时，生男的待遇优厚。不过，在产头胎时不管生男生女，产妇娘家在产后第三朝或十二朝（即十二日）必定满腔热情送来鸡米甜酒、猪脚猪肚等礼物，由产妇外家的哥嫂或亲人送来，叫做送“鸡米酒”。一般有一笼鸡半箩米，一埕甜酒，以及猪肉、猪肚、猪脚和婴儿衣服毛巾鞋帽背带之类。

“洗骚酒”。生男孩的到第十二天有做“洗骚酒”的习俗，娘家亲戚朋友亲房来祝贺。娘家送来各种礼物食品。参加庆贺者还给新生婴儿送红包。主人设酒席款待。

“满月酒”。婴儿满月时又有做“满月酒”的习俗。主人摆设酒席更热闹、丰盛。生女孩的做“满月酒”一般要提前一两天，希望早日回头生个男孩；生男孩的做“满月酒”稍后一两天也不要紧。满月时要给婴儿剐胎毛，产妇可以洗头，可以出门走动，称为“出月”。出月第二天，要煮熟一批鸡蛋并染红，由产妇夫妻两人抱着新生婴儿带上红鸡蛋探望外公外婆，并分发给左邻右舍。外公外婆也要给新生婴儿打赏一番。

“吊灯”。生男孩的称“添丁”，第二年春节期间有“吊灯”庆祝活动。多数在祠堂、庙宇或“土地公”神前挂各种花灯，有的由添丁户共同搭灯棚吊挂花灯。吊灯时，需宴请宾客，请来亲戚朋友、外公外婆、舅舅等，有的还请戏班唱戏，比十二朝“洗骚酒”和满月酒还隆重、热闹。

（4）生育禁忌。妇女怀孕之后，为了保护胎儿，有不少禁忌：外人不得入房坐孕妇的床，不得搬动床和房内其他物品，不得在房内铲地等，怕犯煞造成流产；不得在房内打钉，怕钉到胎儿头骨；孕妇不许跨绳，怕婴儿拖月分娩。产后在门上插上木叶作为记号，外人也不得进入房内，叫做“禁生脚”；不得声张响动，打锣打鼓，怕吓惊婴儿，到第八天才开禁。满月时将十二枚铜钱串起来给婴儿带上，称为“缚贵”。产妇在一个月内不得食鱼、青菜和寒凉食品，以肉类蛋类为主，多吃姜、甜酒。要用头巾包裹头部，出门要戴帽，不得洗头，怕中头风。这些禁忌有的至今还保留。

3. 寿庆习俗

我国古代有所谓“五福”之说，即福、禄、寿、喜、财。《尚书·洪范》说：“五福，一曰寿，二曰福，三曰康宁，四曰修好德，五曰考终命。”更是把寿摆在第一位，可见人的一生，寿是至关重要的。基于上述原因，我国自古便对延寿和寿诞庆祝十分重视。麻章人男女结婚之后，31岁（指虚岁，即刚满30周岁日，下同）便开始庆寿（但31岁的庆寿还不叫做寿，称做生日）。31岁的庆寿由外家做，岳父母送给女婿的生日礼物，必定成双成对。其他食品之类的礼物，女婿不能全收，要退回部分并附上红包给岳父母。生日酒席相当丰盛，大家高高兴兴，祝夫妻白头偕老，添丁发财，吉祥如意。

41岁一般不做生日，这是一种“忌讳”，因为“四”与“死”谐音。41岁生日有的人提都不提，以免发生不吉之事。51岁生日才称做寿。此后61岁、71岁、81岁、91岁，做生日都称为“做大寿”，男女均做。

拜寿的仪式是寿翁夫妇坐在正厅座椅上（男左女右），八仙台上摆满寿桃、寿糕、寿饼、果品，点上大红蜡烛，上写有“福如东海，寿比南山”字样。然后由儿女、孙男、孙女、女婿和其他晚辈按年龄辈分，先后对“寿翁夫妇”跪拜，由其儿子或媳妇奉上香茶，寿翁给各

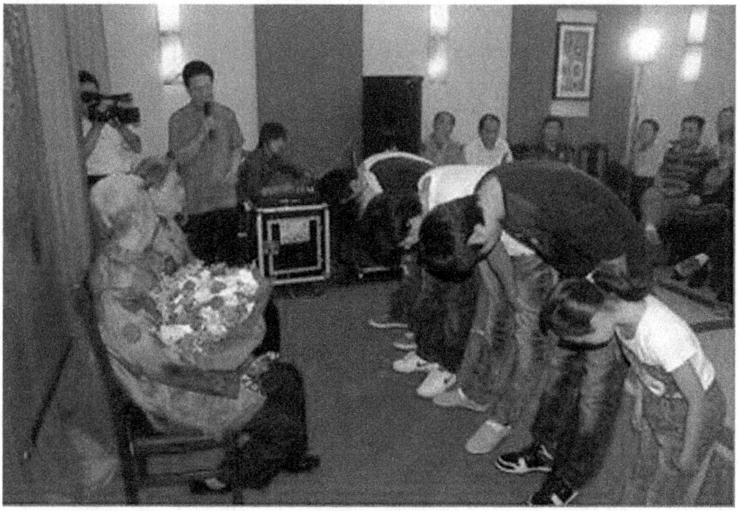

拜寿的仪式

拜寿者分送红包。仪式完毕，开设酒宴，敬酒敬茶，共祝老人健康长寿。

4. 丧葬习俗

（1）临终习俗。老人病危将要临终，家人把房屋正厅打扫干净，将老人移到正厅，男左女右，头向祖宗牌位，脚朝大门，所有子孙媳妇，必须守候身旁，外出的通知回来，见到最后一面，叫做“送终”。死者除生前存遗嘱外，最后还有什么话要说的，称为“临终遗言”。老人断气时叫做“过辈”或“过世”，即点燃灯火，放在死者的头前脚后，叫“头尾灯”，并在死者胸部压上生铁犁头之类，用麻缠住尸体，再在死者脚后放一碗饭，点燃香插于饭上。还用真钱或纸钱放在死者手中，意谓死者进入地狱有钱能顺利通行。新村章有的地方，当死者断气时即把死者的旧衣服（现在多用新衣服）丢在屋顶上，叫做“喊魂衫”，出葬后收回，留给长子逢七时穿。人死之后，举家悲哀嚎哭，守孝从此开始。孝子在死者未入殓前，披发赤脚，不得吃饭吃粥等。

（2）报丧。旧时，富人或高寿者死后要写上文书，发“讣告”或称“讣音”“讣文”，写明死者身份、逝世时间、寿年、吊丧、出殡日期等，通告亲戚朋友。一般人家派出亲人口头通知，讲明死亡时间、出殡日期等，收到讣告的要给报丧者送红包利事。

（3）入殓和吊丧。入殓前，先由孝子给死者“整容”（女的由媳妇），但大多数由仵作或称“土佬”代为“整容”。整容包括沐浴、换穿新衣服、戴帽穿鞋，俗称“装身”。有的只穿一套衣服，有的有寿衣（单数）、寿被。当官者还有官服，写上官衔，陪葬品还有珠宝金饰之类。死者不论富贵贫贱，所穿衣服的纽扣，一律不扣。整容毕，由仵作（土佬）移尸入棺材加盖加钉。在入殓时，守孝者更加悲哀，哭声震天。此时，子孙要戴孝，身穿孝服。戴孝有“重孝”和“轻孝”之分，子女媳妇带黄麻孝称为重孝，弟侄孙婿等戴青麻或白布孝称为轻孝。

入殓后，死者生前的亲朋好友前来吊唁，向死者致哀下跪、叩头、奠酒，称为吊丧。有送铭旌寿幛的，挂于棺材面上。吊丧时，孝男孝女均须跪下，嚎哭、谢吊。

（4）出殡习俗。出殡前，由道士念悼词，用三牲酒饭并焚香烛、烧纸钱进行祭奠。期间道士念经吹奏舞蹈，叫“做斋”。做过斋后开始出殡，大孝子（由长子当）身穿黄麻衣、头戴黄麻帽，左手执灵幡，右手执孝杖，走在前面，距棺材几十步；其余孝子及亲友或邻人随后送行安葬（现代都是火化后再葬）。安葬后，除孝子媳妇带丧服回外，其余送葬的人都解下一切送葬之物到丧家门外清除污秽。

（5）服丧。安葬后，还要“做斋”服丧。有的要做四天三夜，也有做半天一夜的（亦称“半夜吉”）。此间，请道士僧尼念经解罪，超度亡灵，祝愿死者升天到极乐世界。家境贫穷或鳏寡孤独者死后草草埋葬了事。建国后，党和政府提倡丧事简办，提倡火葬，移风易俗。

（6）丧葬禁忌。出殡时棺材经过谁家的门口，都烧一火堆向棺材后面踢去。入殓和落葬时生肖相克的人不得靠近。

（五）进宅习俗

进宅又称入伙。房屋建成，入住之前要择定吉日吉时入伙。先备好两盏新灯，从富贵人家或兴旺之户（银行、圩镇饮食店等）导来长明之火，点燃新灯，由家长（男的）挑着（或捧着）点燃的新灯，全家人分别带上粮、油、盐、糖、肉、菜、酒、饼、锅、碗、柴和祖宗牌位，按家庭成员的年龄辈次先后列队进入新宅，先把点燃的新灯放在正厅（其他各个居室也要点上灯火，连续三天三夜不熄），接着贴对联，放鞭炮。屋正中一般贴“紫微正照”、“进入大吉”，门口对联多写“新宅新居新气象，进人进宝进钱财”。

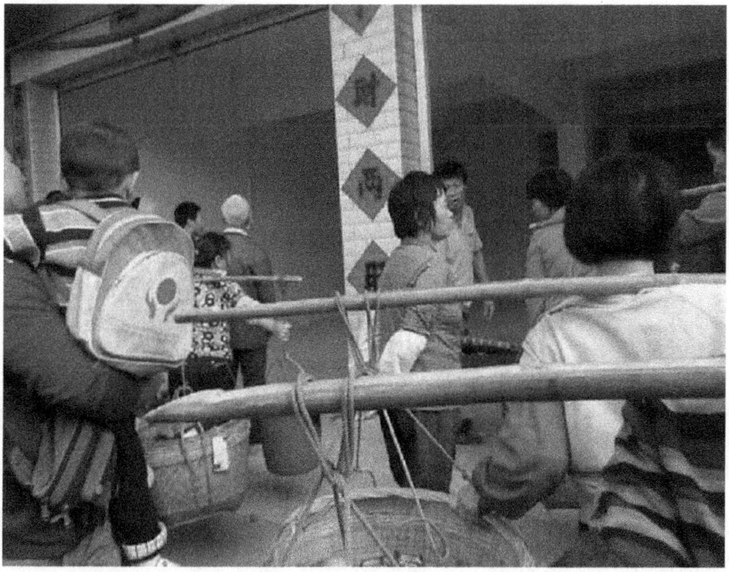

农村新居入伙

进宅之后，又请所谓“命好”父母双全的男子安床和安放祖宗神位、放置灯火、粮、钱等物。拜祭祖宗神位后，再吃糖饭、糖粥、甜糟、果等，以示今后生活甜美、丰衣足食。

进宅入伙时，有的还宴请亲戚、宾客，同族邻里少不了来庆贺热闹一番。送来的镜屏、挂画等必挂在新宅大厅；送来的鞭炮，入屋时即行燃放；送来的三牲、果品之类，主人不能全部收领，要还一部分给客人。所谓“礼尚往还，有来有往，常来不断”。进宅仪式流传至今，摆酒设宴、赠送礼物更为盛行。

二、神奇的信仰文化——遗存“巫文化”的信仰民俗

（一）游神——众乡亲虔诚崇拜的民间信仰

游神，又称巡游，是人们在喜庆节日里诸如年例、元宵或诸神圣诞的这一天，到神庙里将神像抬出来游村（街），一方面接受信众朝拜，另一方面为各家各户降福驱邪。神在庙里好好的，为什么要抬出来游呢？游的过程中还要颠簸它、拖拽它（也叫“颠神”）。也许基于这样的观念：认为只有让神出来巡游，才能与民同乐，更亲民。神才更好地保佑四方百姓。至于为什么要“颠神”，可能与这一传说有关：潮汕流传着一句熟语：“盐灶神欠拖。”说的是从前澄海县盐灶乡有一人外出经商，临走前，带牲礼到神庙里测前途，得到一吉签，于是满心高兴而去，结果却亏本而归。这个人一气之下，将神像推倒在地，还不解恨，又用绳子套住神像在地上拖行。此后，他再出门经商，却是盈利而归。人们听到这消息，都纷纷效法，以拖神为乐。久而久之，便相沿成俗。

麻章的游神，过去是抬，现在大多也改为“拖”：就是在桥子底下装上四个轮了，一来省力，二来也应一个“拖”字。

麻章几乎村村游神，各村各庙游神时间不同，且各有特点，但基本是一致的，先把神像从殿上请下来装在神轿上，完成朝拜和巡游后，再把神像从神轿上请回到神殿上，游神才算结束。游神仪式大致分三个阶段：

第一阶段：筹备阶段。麻章各村镇的神庙一般都有一个负责人，当

拖着神像在神庙前“颠神”（通明村游神）

地人称之为师傅或庙祝。师傅从村民中产生，德高望重且懂得祭神念经（也称“念谟”）仪式（类似古代的巫师）的人方可承担。师傅的产生，必须遵循严格的遴选程序：老师傅先在村民中选出德行好的人收为徒弟，向其传授祀神念漠技巧、法术，然后通过传度仪式，使其登堂入室，独立主持游神活动，才能成为新的师傅。平时，师傅主要负责看守、维护庙宇；游神时，师傅则负责筹划游神活动事项，包括与其他村约定游神时间、地点，确定本村游神人员、收集本村游神资金、置办游神行头、主持游神仪式等。如果有的庙还没有师傅的，需游神时就从村中推选有威望的人担任，如果推选人多，则由抽签决定。

各村游神的牵头为行政村的师傅，自然村的师傅协从，约定时间，各自然村的游神队伍到行政村的公庙前集中。各村的游神活动开支，大多是自觉捐献，也有按份额摊派的。每家都有人参加游神活动，无论男女老少。

第二阶段：游神阶段。游神阶段是最关键也最为隆重的阶段，包括六个仪式环节：请神、会神、游神、饮茶、念漠和送神。

1. 请神

请神就是请神像坐轿出游。这个过程一般在游神当日的凌晨三四点钟开始举行，由师傅主持。首先是师傅给神献香，祷告游神有关事项，并请神下降。接着是村民献上祭品祭祀神灵。祭祀仪式甚为隆重，每户派一代表，把宰杀好的鸡等献在神案上，鸣爆竹、献香、焚宝、叩首，以示虔诚。同时，师傅在一旁念诵经文，祈求神灵下降，享用祭祀，并向神灵祷告献祭人姓名，祈求神赐福。献祭是逐家逐户进行的，因此整个献祭过程持续时间较长。在整个献祭过程中，爆竹声不断，香烟缭绕，神灵在尽情地享受着子民们的虔诚和奉献。献祭结束后，师傅抱神安轿，准备出游。

请神（旧县村）

2. 会神

会神就是各村诸神相会。主神（行政村的神）的游神村民先编好队，在主庙前等候。8 点刚过，村口连珠炮鸣，各村客神队伍相继开来，主神摇桥相迎。于是神庙广场上，炮筒、爆竹齐鸣，锁呐吹奏，锣鼓铿锵。主神和客神一一寒暄，举行拜会大礼。抬主神轿的村民，使主神轿面对客神轿，前后拖动三次，表示主神向客神行三次大礼。客神轿也相应前后拖动三次，表示客神回礼。主神和来访的客神相互行礼的同时，客神之间也相互行礼寒暄。大家行完礼后，在庙前的场地上排好队，绕场三圈，然后出游。

整个会神礼仪隆重而有人情味，光彩耀目的游神仪仗队，庄重严肃的拜会，悠扬的锁呐，粗犷的锣鼓声，缭绕的香气、烟雾，置身于其间，几乎让人回到远古游摊的时代。在这种气氛的感染下，有几个村民冲上了神轿，神情恍惚，他们在神轿上或站或趴或坐，手中挥舞着钢钎向人们示意，然后把钢钎插过自己的脸颊或耳轮，向人们昭示神灵附体（俗称“穿令箭”）。人们认为“穿令箭”者是在游神活动中代表神向民众传达神的意愿的人，是神灵的替身。既然是神的替身，那么便是神的意志，具有神的力量和特异功能，人们都以能成为“穿令箭”者为幸运，这意味着神喜欢他，并将会给他以特殊恩典。所以人人都希望成为“穿令箭”者。但并不是所有的人都能如愿，因为神每次只选有缘的人作为他的替身。这种现象目前还是不解之迷，亦是游神活动的神秘性及看点所在。

3. 游神

游神就是抬神像巡游驱邪纳福。会神结束后，主神、客神重新编队成一字形队。主神在前，客神以到来先后依次排在主神之后。待鸣铳三响后，鸣锣开道，左右两块“回避”“肃静”的木牌，在浩浩荡荡节日队伍的随护下，诸神坐在神轿中，神轿下装有车轮，由前后 4 个村民推拉着（也有抬着的）。轿前后均有仪仗队，包括锣鼓唢呐队、旗队、灯笼队、炮筒队、“飘色”彩车队，按传统顺序巡游境界。一路上，旌旗招展，锣鼓喧天，鸣铳连响，炮声震耳；鸣锣开道、大吹列队，十音八乐、狮舞龙腾；信众们更是穿戴红、黄、绿等服饰，衣装鲜亮，旗帜招

村民冲上了神轿，把钢钎插过自己的脸颊（“穿令箭”）

展，队伍非常壮观。

村民躺在路上，让神从身上抬过以粘福

游神的路线，主要在各神的辖区，也叫景，挨家挨户布福受施。游神所到之处，人们摩肩接踵、夹道观瞻，非常热闹。神轿每到一家门前，主人要在门前摆放贡品，给过往的神享用，并且燃爆竹，给神像叩首、献香。有的还要递红包，放在神轿上（这一过程叫“摆醮”）。

摆醮是敬神的一种仪式，也是年例的“重头戏”之一。各家把准备的“三牲”和丰富供品拿到自己家的门口、广场、村口或者庙宇前摆出来，供游神的菩萨享用。最显眼的供品当然是鸡。湛江人无鸡不成席，自然也就无鸡不上供了。经过挑选和煮制的一只只鸡，胖鼓鼓、油汪汪，脖子挺起一个弯，显得雄赳赳的。鸡的嘴里还总要衔着一个红彤彤的利是袋，是准备接纳神的恩赐的。鸡头都朝向一个方向——神将要莅临的方向。除了鸡以外，酒、肉、鱼、水果等一切人们在节日里享用的东西，都要拿来给神享用。供品旁还要插上高高的蜡烛，横竖成行，光焰闪耀，增添了不少温馨神秘的气氛。烟花爆竹是不可少的，大大小小盘卷着对神的虔诚，有的几乎大如磨盘。孩子们把这一盘盘的爆竹展开，一挂一挂地接在一起，连成几十丈长的同心结，形成驱魃迎神的红色的阵，辟里啪啦地放了起来，一时间，鞭炮声、鼓乐声、祈祷响成一片。“摆醮”时少不了道士唱读祝文，民众顶礼膜拜，祈求神庇佑来年风调雨顺，平安大吉。

在“摆醮”的过程中，如果神轿到了谁家门前，“穿令箭”者突然向主人要饭或鸡吃，主人便会任其拿取，并以神能够吃自家的饭、鸡为荣。在当地人的观念中，如果“穿令箭”者吃了自己的饭、鸡，就说明神会眷顾自己，来年家中一定交好运。

4. 饮茶

按当地人的说法，神和人一样，非常讲究礼节。客神来到主神家里，自然是要招待的，即使没有大鱼大肉，一杯清茶还是要的。所以游神两次后，大约到晚上 8 点左右，众仪仗队、轿夫都在神庙前广场上休息，喝水吃饭。各村神庙的师傅和本村一位年轻后生，抱着神像来到主

在神庙的广场上“摆醮”

抬着神像逐户祈福

神的饮茶处——主神村庄的土地神庙中，邀请众客神饮茶。主神庙师傅先把众神像摆放好，然后在神像前插上香烛，摆上茶水，祷告神灵，享用茶水，让劳累了一天的诸神小憩一下。

5. 念谟

晚上 8 点半左右，饮茶结束。众师傅请诸神来到主神的主庙中，举行念谟仪式。到了神庙，众师傅先一一供奉好诸神像，接着向诸神进献祭品、点香行礼，然后开始念经。主持仪式的是主神庙师傅，客神庙的师傅和徒弟在一旁配合。司仪师傅宣布念谟开始，顿时唢呐、锣鼓、鞭炮齐鸣，烟花呼啸腾空。念经师傅喃喃作诵，祭奠师傅翩翩起舞，向神灵祷颂叩拜、祭奠香酒。祭献完后，祭奠师傅掷筊打卦，向诸神询问来年的吉凶事项、祈求福佑。打卦结束后，又向神灵行祭奠礼，答谢诸神。整个念谟仪式持续两个多小时才结束。

念谟结束后，乐队撤去，舞者亦脱去红衣，众师傅齐向诸神叩拜行礼毕，群童争相抢夺供桌果米。众师傅各抱自己神像，返回主神庙前场地，准备进行第三次游神。随着几声雷鸣般炮响，游神再次开始。这时，游神队伍的灯笼亮了，神轿上的彩灯也亮了，远远看去，就像一条长长的火龙，在漆黑的夜中蜿蜒蠕动。直到凌晨 2 点多钟，整个游神才告结束。

6. 送神

游神结束后，众神又汇聚主神庙前相互拜别。主神向客神一一行礼，神轿前后动三次，表示感谢。客神也向主神三回礼，表示道别。然后诸神返回到自己神庙，师傅点香叩拜诵经，安放神像。游神活动正式结束。

第三阶段：游神结束阶段。游神结束后，各游神村庄在师傅的安排下，归还游神活动中所借用的器物，支付游神人员的报酬等善后事宜。

以上是所有游神一般都要经历过的阶段和做足的程序。在此过程中，各村又根据自身的条件，各尽所能地安排各自特色的媚神节目，如傩舞、舞狮、舞龙、舞英雄、爬刀梯、过火海、磨关刀等民俗活动，到处弥漫着年例节日祥和而喜庆的气氛。各村的游神仪式和这些民俗文化

神像回庙后，信众还在顶礼膜拜

活动共同构成麻章的年例游神文化。

麻章年例游神，原始古朴，仪式完整。它是整个雷州半岛游神文化的典型代表之一，又是整个中国游神文化的特殊个案，其中蕴含着深厚

舞狮舞龙表演

的文化积淀和社会意义。

1. 文化传承的意义

麻章游神文化源自福建，是古摊文化的活化石，这是不可再生的传统文化。麻章的村民，大多数是福建莆田人的后裔，他们的通用方言——雷话，就属于闽南语系。据《麻章区志》记载，古时的麻章人大多来自福建莆田人的南迁。他们带来了闽南的语言、习俗，也带来了闽南人的宗教信仰。所奉祀的神灵，多来自闽南地区，从仪式的角度看，麻章游神和莆田游神也有惊人的相似之处，本质都是古摊文化的遗存。麻章各村神庙里面供奉的神像和莆田的也大同小异，主要是道教神和英雄神，如康王、雷王、天妃、关公、泰山王等。每一个神的背后，都有个保境安民的神奇故事，如天妃的镇伏海啸等。这些传统文化，通过每年的游神活动，得以传承下来，不至于消失。

2. 传递了和谐社会的教化思想

麻章游神仪式具有浓厚的人情味，表现了人、神的亲和情以及移民的忧患感。麻章游神，虽然来自古滩，但相对于古摊，有更多的人情味。古摊的形象装扮凶神恶煞，以挥舞兵器来驱打鬼邪。而麻章的游神，神像面容和善，不用兵器，以其正气来震慑邪魔。前者表现出神邪之间斗争的尖锐性、神在斗争中的不自信感以及人与神的隔膜感；后者则恰恰相反。同时，在游神的仪式中，人与神、神与神的关系也具有了浓厚的人情味，如请神、会神、饮茶中，人们以对待老朋友的方式看待神、招待神、想象神、祈求神。人类观照人神关系的方式，实际上是对人类观照自身方式的曲折反映。麻章人这种对神的亲和以及对神与神交往的重视，实际上正是长期积淀的移民忧患心态的自然流露。族群、村落的相互交往对移民，是非常重要的，因为单个的移民族群、村落很难抵御大的灾害，于是团结其他族群、村落，便成了移民的内在需要，即使到了今天，加强村落间的联系，维护整个社区安宁、祥和，仍然是游神活动的正面意义所在。

3. “游神”活动大大地增加了节日的氛围，也丰富了人们的娱乐活动

这也使得“游神”活动超出了本身作为文化民俗活动而存在，凸显其娱乐性质，可以丰富人们的精神世界。

4. “游神”深深地寄托了人们的愿望和期盼

祈求国泰民安，风调雨顺，消灾避邪，财源滚滚的新年愿望；寄托着人们认祖归宗，人丁兴旺，社会平安，乡里和谐的族氏期盼；具有增强族氏凝聚力和促使人们欢聚一团的向心力。这些愿景都是社会的正能量。

5. “游神”具有一定的促进社会经济发展的实质性作用

这主要体现在消费需求上：“游神”期间人们花在买烟花爆竹、贡香贡品的钱数不胜数；人们喝酒庆祝，摆设宴席等一些餐桌上的消费也相当巨大；一些外地的客人朋友也会慕名而来，亲自目睹“游神”实况，这也增加了村里的旅游收入。①

（二）傩舞——从远古走来的“舞蹈活化石”

傩舞，俗称“跳傩”，是上古时代图腾崇拜时期用于祭铸天地、赞佛、驱鬼，具备宗教色彩及原始舞蹈风格的一种仪式，大约产生于3000多年前的殷商时期，属于古代驱逐疫鬼的一种巫舞仪式。它起源于黄河流域而广布中国大地，扎根民间不断发展，由于极具晦涩、神秘的特征，被称为戏剧的活化石。它的出现，是旧时人民对神秘力量的信

① 宋俊华、王开桃、李凤炼、周彤丹，《徐闻县前山镇元宵节游神仪式的文化考察》，湛江师范学院学报，2002年第02期。

仰、推崇、敬畏和寄托。其目的是驱鬼逐疫，除灾呈祥，其内涵则是为通过各种仪式活动达到阴阳调和、风调雨顺、五谷丰登、人寿丰年、国富民强和天下太平。追根溯源，从有中国文字记载的历史开始，就有关于“傩”的记录，殷墟甲骨卜辞中有“寇”字，是在室内以殳（古兵器）击鬼之形。甲骨文中有关“舞”字的记载中有“魌”字，是一人头戴面具的形象。说明商代以前就有戴面具驱鬼逐疫的傩祭舞蹈。以后《论语》、《吕氏春秋》、《周礼》、《后汉书》等都有傩仪的记叙。自汉至唐，傩舞都为驱疫鬼的一种祭祀性舞蹈。宋代后，傩舞增加了娱人成分，并逐渐向戏剧化方向发展。

广东省至今只有少数地方保留着这一古老艺术。广东有傩，傩在湛江，而湛江傩舞的代表在麻章，旧县村的考兵舞就非常有特色，2008年被列入我国第一批国家级“非物质文化遗产”扩展项目名录。

麻章的傩舞属于老傩，又叫文傩，历史都比较悠久，所演节目取材于古代先民对自然神与社会神的崇拜，表演古朴粗犷，气氛庄严肃穆。演傩的最初目的是娱神，虽经较长时间的历史演变，已逐渐转向娱人，

国家级“非物质文化遗产”——湛江傩舞

但始终抹不去驱疫逐鬼的历史痕迹。

旧县傩舞遗风

麻章傩舞主要形式有："考兵"、"走清将"等，尽管形式不同，都属"雷傩"，是以雷首公、五雷公将为主体，兼之土地公婆、艄公婆等。虽风格流派各异，但表现的目的相同，均为驱邪逐疫，祈求平安，客观上都起到了活跃群众文化生活的作用。无论是古朴粗犷的"考兵"，还有勇猛豪放的"走清将"，表演时都吸引了无数的观众，给人以美的享受，增添了节日气氛。正因为其深受人民热爱，才具有如此强盛的生命力，流传至今。

麻章的傩舞主要在农事节庆时举行，一般傩舞表演少则两人，多则三四十人，主要角色为戴面具舞者，并配有兵器、传统服饰和锣鼓唢呐乐手。傩舞的舞蹈动作原始古朴，以马步、弓步、兰花指、跳跃为主，有时还穿插翻滚、叠罗汉、排字等，在锣鼓的强烈节奏中展现出粗犷古朴的舞姿，表达驱邪祈福的愿望。

古朴粗犷的“考兵”

勇猛豪放的“走清将”

麻章最有代表性的是“考兵舞”，流传于旧县、下埠、东岭、西岭、北塘、云脚等村，于每一年的春节、元宵节和年例时举行。旧县村的“考兵”舞源于南宋宝佑年间（1253—1258 年），由彭姓始祖从陇西经江西吉水县镜方村传入。经考证，现在傩舞表演使用的面具，是明朝万历年间传下的珍贵文物。这些面具在“文革”期间险些被毁，是村民冒死将它保护下来。

“考兵”的傩舞面具

湛江傩舞“考兵”，自隋唐起已有千年历史，主题表现康王麾下的车、麦、李、刘、洪五员神将，手执令旗、刀、斧、锏、链等兵器，英武威严，驱邪祈安，造福乡梓，同时融入穿令箭、滚刺床的民间神秘巫技，更显古朴粗犷、场面热烈。土地公、土地婆派发“吉祥袋”、内装谷米、红糖、钱币。意喻：民众丰衣足食、生活甜甜蜜蜜、事业财源广进。祈愿国泰民安、和谐吉祥。这种舞蹈把中国历代传统风俗、民间艺术融合在一起，穿越中原文化时空的限制，再现中华民族艺术史的原生态。湛江傩舞的表演过程有一套相对固定模式：

（1）起祭。由道公从神庙请出东岳大帝和康班二侯王像，在康皇庙里面或村落的中央地带举行祭祀活动。此时土地公、土地婆和车、麦、粒、刘、洪五员大将各自戴面具出场列队，车将军手持利斧、麦将军手持铁锏、李将军手持短铁链、刘将军执大刀、洪将军执黄色三角令旗，在节奏感强烈的锣鼓唢呐和锵乐声中面对康皇庙，在神像或全村民众面前起舞，道公举行祭祀仪式。

（2）巡游驱鬼。祭祀完毕后，由多名身强力壮、高大英俊的青少年举着五色彩旗、绚丽的罗伞等前导开路。后面缓引着抬神像的队伍，道公走在神像前撒泼白米，称之撒粮。而后五将等跟随着神像出游，围绕全村到各家各户驱鬼疫，保佑全村老少永福平安。

（3）傩舞表演。巡游后回到本村神庙前，在村子的文化广场再次举行祭祀仪式和傩表演舞。舞者着黑、绿、黄、红、蓝各色传统服饰，排成横排或竖排向神和群众舞蹈，这时也可以看到几员大将的手中握有白米汤圆等，是寓意神的俸禄和赐予他们力量，拥有授权可以驱赶鬼疫。

在多轮重复舞蹈之后有神显灵，期间自称神灵附体的男汉赤膊上阵，在神坛前表演“穿令箭”和“滚刺床”。这是技术难度及危险程度都非常高的两种技艺，需要专业人员进行表演。穿令箭，即表演者用一

考兵拥有授权后可以驱赶鬼疫

把直径约 1 公分，长 1 米左右的钢箭穿过自己的脸颊而没有任何伤害，以见证表演者不同寻常的意志。表演者然后以神的姿态，走到一个个将军面前传达旨意，指点乾坤，领携舞蹈；滚刺床，则是表演者赤裸上身在布满荆刺的桌上来回翻滚，而桌上的刺，足有四寸长，俗称“葡萄牙刺”，是当地最长的带刺的植物，表演者来回呼叫，仿佛与神在对话，亦像在为自己助威。“穿令箭”和“滚刺床”的成功，以示神力附身，为全村老少免除灾，此时活动到达高潮。

傩舞表演艺人在表演“穿令箭”

（4）遣灾。到了夜间，由道公把各家象征疾病和厉鬼的稻草人收集起来放在镇邪的纸船上置于村前的河中焚烧并漂走。寓意“遣灾送祸”、“来年吉祥”、“福禄双收”等。至此，“考兵”舞祭祀活动宣告结束。

傩舞的表演形式相对简单。据老一辈人说，原来的表演形式和舞蹈动作组合基本失传。现在的表演动作只保留了傩舞的“香火决”，翻腕弓步，推指前走和碎步快退的直上直下的队形。舞时边喊边舞，显得古朴威武，具有浓郁的原始古巫色彩和较强烈的生活气息。傩舞表演艺人

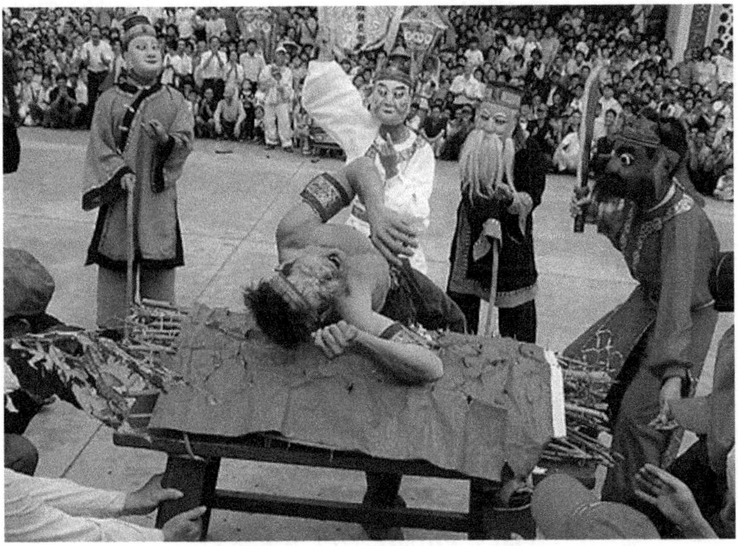

傩舞表演艺人在表演“滚刺床”

“遣灾送祸”

彭英芳、彭耀宗两位傩舞传承者都是麻章区旧县村下埠人，童年随父学习傩舞表演，成为傩舞艺术传承人，他们也是“考兵”舞的主要组织

傩舞艺术传承人在传授傩舞艺术

者和指导者。

(三) 穿令箭——充满神秘色彩的“巫文化”

穿令箭又叫穿腮、穿面颊，是麻章各地乡村在元宵节或举行年例巡游时表演的一项绝技。穿令箭表演在湛江市区及以南——雷州半岛的各县区的农村较为盛行，其中尤以麻章区的旧县村、通明村、调塾村的穿令箭表演较有特色和代表性。穿令箭表演最有影响的当属旧县村，它与傩舞一道表演曾为南方电视台所报道。

穿令箭是一项起源于远古“巫文化”的雷州半岛农村特有的民俗信仰活动，是村民在特定的祭祀祖先神灵的日子里，用身体的受难来表达对祖先神灵的礼敬，以祈求神灵福佑村民及子孙平安，保佑全村风调雨顺、国泰民安。这种祭祀祖先神灵的日子一般是在正月十五或本村约定的“年例”期间，也只有这种特定的日子里，穿令箭才得以顺利表演，其他时间是表演不了的。

麻章穿令箭的表演十分神奇。表演者不要求是特定的人，上至60

穿令箭与傩舞一道表演，曾为南方电视台所报道

穿令箭寓“以我痛苦祈万众幸福”之意

岁老者，下至10岁儿童，只要自愿和信仰，均可成为表演者。表演者在神庙前经过特定程序的礼拜、祷告和祈福后，在特定“师傅”（一般

为穿令箭的传人）的咒语“附体”下，用令箭由口腔穿入，从一边脸颊穿出（有的是从一边脸颊穿进口腔，再从另一边脸颊穿出），用手扶着外露部分，让人们抬着游行，行程有的数公里，时间两三个小时，自始至终神态自然。令箭是用铜、铁、银、不锈钢等各种材质的金属特制，实心结构，上粗下细，尾部呈针状，长短不一，一般一米左右。表演者穿令箭的根数也有不同，有的一根，也有两到三根不等。游行完毕以后，在“师傅”咒语的帮助下，拔出令箭，表演者的脸颊看不见洞口以及流血的痕迹，令人惊叹。穿令箭的表演方式也有穿耳、穿舌一类难度高的表演，但现在已少见了。

穿令箭表演有比较严格的要求，表演出游前三天，先将令箭打磨清洗，然后恭敬地放入庙宇封令；取令要郑重其事，香烛拜祭。表演者要沐浴净身，有的还斋戒吃素三天。穿令箭出游，显示有神灵庇佑，平安保障，能逢凶化吉，故表演者大多数不讲报酬，过去一般奖励花生油1.5公斤，猪肉2.5公斤。表演极其讲究，令箭入面颊的部位要准确，拔箭要注意手法，容不得半点马虎。民间传说最长的令箭，是中华人民共和国成立前在调罗村表演的一支令箭，表演者面部入箭，外露部分长

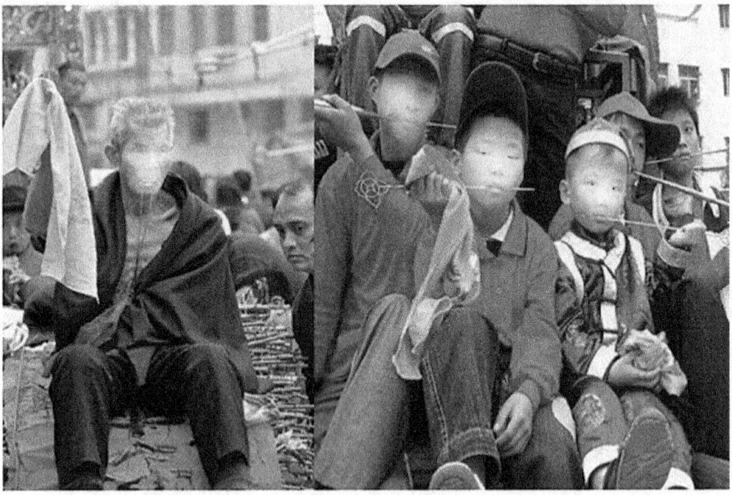

上至60岁老者，下至10岁儿童皆可“穿令箭”

达3米多，需3个人用叉顶着令箭游行，轰动一时。

旧县村的傩舞表演艺人孙华文，从事“穿令箭”表演已有25个年头，他告诉我们穿令箭的感受：说起穿令箭，感觉是怪怪的，自从25年前他第一次穿令箭后，几乎已经成瘾，每到元宵节及年例的特定时间，他就感到两腮痒痒的，穿令箭后这种“痒”的感觉便消失了。

穿令箭的神奇在于和祭祀祖先神灵的仪式结合在一起。只有在特定的日子和特定的“师傅”帮助下才能表演；它突破了人体生理限制，令箭穿入人体而不出血，拔出而不留洞和疤痕；表演者表演时的精神状态有如“神在附身”等。最重要的是，穿令箭的表演，让村民坚信祖先是有灵的，是具有至高无上的神力的，是能保佑他们的，这种“有神论”的观念深入人心。

傩舞表演艺人

如何看待穿令箭这种神秘性呢？笔者认为：

首先，祭祀祖先神灵不是宗教活动，是我国农村特有的一种结合着儒家的“孝道”和道家的敬神仪式的礼敬祖先行为和仪式，是有别于宗教的一种民间崇拜，可归结为民俗信仰。这种民间崇拜与宗教有着本质的区别：民间崇拜各村有各自的神灵，没有“普世”的神灵，而宗教的神灵是共同的（即同一宗教的神是共同的），在信仰者认为，神是“普世”的；村民的神灵是自己的祖先，有着血缘关系，范围一般局限于本村村民，是以“孝”文化为纽带的，宗教的崇拜者与神无血缘关系，完全靠一种信仰精神维系；村民的神灵只有在特定的时间才祭祀，而宗教的神则需要崇拜者时时去礼拜；民间崇拜是没有政治目的的，而有的宗教是有政治诉求的。

其二，不可否认，这种祭祀祖先神灵的民间崇拜，是基于“巫文化”的“有神论”的之上的，但它只是一种无害的“有神”意识，是人们（不仅仅是村民）对大自然（包括人体本身）的许多超自然的现

穿令箭是一种基于祖宗崇拜的敬神仪式

象尚找未到科学的认识之前的一种迷茫和幻想的认知心理。这种认知心理并不与当前主流的社会主义核心价值观形成对立，而是当今社会多元文化的一种现象，只要加以正确引导，可以趋利避害，为社会主义文化建设服务。

其三，就穿令箭和民间祭祀活动本身而言，也是有许多积极文化因素的。穿令箭表现的是牺牲自己，造福村民的献身精神；在穿令过程中表现出来的大无畏精神和勇于担当的责任感；村民在祭祀活动中所表现出来的团结互助、热爱家乡、尊敬祖先、孝敬长辈的团队精神和乡土观念，都是当今社会主义精神文明建设不可或缺的重要精神文化元素，应当给予肯定和倡导。

其四，穿令箭是一种民间民俗文化绝活，是经过数百年的传承至今仍有文化活力的民俗，它体现了中华文化的博大精深，但在社会现代化建设的进程中，它的独特传承方式受到了极大的挑战，有的处于濒危状

村民的大无畏精神、勇于担当的责任感和团队精神

穿令箭是一种民间民俗文化绝活

态，急需政府给予支持、保护和合理利用。

其五，穿令箭和民间祭祀活动主要存在于农村，我国农村既是文化建设的薄弱环节，又是民族特色文化内生力最强的地区。正是穿令箭的神秘性吸引了大量的民众参与，在一定程度上，活跃了农村文化生活，提升了农村的文化组织能力，有利于促进优秀传统文化的传承和利用，对于提高农村文化建设水平和促进当地旅游产业的发展具有重要意义。

(四) 爬刀梯——体现无畏意志的民俗信仰

爬刀梯又叫上刀山，是麻章太平镇麒麟村（又称其连村）的“年例”奇观。该村是位于雷州半岛东北部的神奇村庄，距离湛江市区约38公里，在每年盛大的年例中，在村子广场中央搭起近20多米高、由36把钢刀扎成的刀梯，36名15—25岁左右的青年，传承着“上刀山，下火海”的文化习俗，赤脚踩在36把钢刀的刀刃上，直爬至刀梯的塔峰，并且毫发无损。这也许听起来有点匪夷所思，但却真实存在。这项扣人心弦的表演曾吸引广东电视台到来作采访报道，CCTV4——《远方的家》、旅游卫视等栏目组，也到该村拍过专题片。

麒麟村有三绝：爬刀梯、过火海、红树林。其中，“爬刀梯”是麒麟村年例的重头戏，是村民为了弘扬先人为民除暴，敢于“上刀山下火海”无所畏惧的精神而逐步演化而成的一种汉族民俗，至今已传承了四百余年历史依然兴盛不衰。随着时代的进步和发展，“爬刀梯”已由一项民间信俗转变成为一项扣人心弦、引人入胜的观赏性汉族民俗文化，它与西南少数民族（如苗族、瑶族）的爬刀梯没有任何联系。

“爬刀梯”是麒麟村年例的重头戏

“爬刀梯”的惊险之处在于赤脚踩于刀刃之上而丝毫不伤。细看刀梯，只见36把锋利钢刀头尾交错依次摆放，刀刃向上，级距约40厘米组成梯级，并用胶丝稳绕在两根长约18米的杉木上，8股粗麻缆捆着刀梯末端由8组人员拉紧。钢刀锋利无比，苹果轻碰刀刃，即立刻被切开两半。而每把钢刀都有一张对应的道符，符纸书有“斩鬼”、“白蛇”、“大将”、“元帅”等字样，还有一些难懂莫测的神秘图案伴随于文字左右。这些正是庇佑36位即将“上刀山”勇士的护身符。

三声震天铳响过后，锣鼓喧天，宣布爬刀梯活动开始。爬刀梯的程

36 把锋利钢刀头尾交错依次摆放，刀刃向上

序为：祭祀、请火、走轿、祭梯、立梯、爬梯、收梯。其中最为精彩的要数立梯和爬梯。在头人的一声令下指挥下，众人同心合力，紧拉 8 条大绳索，将刀梯徐徐升起，场面十分宏伟。刀梯刚立稳，36 名身穿统一服饰的年轻小伙勇往直前往上爬。他们不懂武功，凭的是勇气和毅力，伴随着唢呐、锣鼓、鞭炮声，如离弦之箭，飘然而上，无所畏惧。爬手们双手反扣刀刃，以快速而平均的节奏登顶。现场欢呼不断，掌声雷动，如此震撼的场面几百年来一直震撼着世人。表演结束后，青年们出示手掌脚板，表明没有任何伤痕。

今年已年逾八旬的老者陈日畅，是“爬刀梯”的第三代传承人。老人讲起爬刀梯的故事，仍然神采奕奕，思绪清晰。他告诉笔者，攀爬过程中，保持平稳的心态很重要。同时，登梯者必须正确使用握力和运用气功；其次爬梯速度要快，手脚只能瞬间停留在刃锋上……陈叔说，孩子们在耳濡目染之下，从小就有了“上刀山”的意识，大多都是主动申请去爬。也没有过专门的训练，只在平日周末的空闲时间教导他们动作要领。

为得到“神”的许可，在爬刀梯前，村民需要通过掷杯珓（也称“杯茭”）、颠神、走轿等环节与神佛沟通请示，108 名小将以 4 或 6 人

立梯：众人同心合力，紧拉 8 条大绳索，将刀梯徐徐升起

一组扛起神轿上下舞动，以百米冲刺般的速度绕着未竖立的梯架接力狂奔，你追我赶，场面十分壮观。

“爬刀梯”还有一段传奇故事。2000 多年前，雷州半岛一带妖魔为害乡民，有位名叫张兴武的大将军，到淮南术山拜师，刻苦修炼武功，立志捍卫社稷，除魔安民。在淮南术山师傅的指点下，苦练过刀山、过火海、过蒴山。学业成功后，智勇双全的张兴武于某年农历 2 月 12 日，带兵攻打罗汉城鬼门关，但见城墙又高又陡，他说：“强攻不能取胜！”便令 36 名中将筑成人梯，由 108 名小将手持钢刀踏着人梯，威猛攀入城门内里应外合，经过几番苦战终于消灭妖魔，从此百姓安居乐业。张兴武美名传扬，为民所敬，渐渐由人梯的 36 个人演变为刀梯的 36 把刀。为保平安风调雨顺，同时缅怀和彰显张兴武将军的大无畏精神与造福民众的丰功伟绩，麒麟村先民定农历 2 月 12 日为本村年例，演绎“爬刀梯，过火海”的高难技艺。

显然，爬刀梯是一项具有神秘性的民俗，如何看待这一神秘性呢？

（1）爬刀梯是一种民俗信仰。这种民间信仰是在长期的历史发展过程中，由民众中自发产生的一套集神灵崇拜观念、行为习惯和相应的仪式制度于一体的行为模式。民俗信仰具有强烈的神秘性、保守性、封

刀梯刚立稳，36 名身穿统一服饰的年轻小伙勇往直前往上爬

闭性和渗透性，是基于有神意识之上的神灵崇拜，这种神灵崇拜的正面效应也不可忽视。笔者认为，就其自身客观存在而言，并无所谓好坏，它只是一种认知方式。这种认知方式直到今日依然或隐或显地存在于不同的人群之中。我们固然可以用理性主义的朴素义认知来贬斥“神灵崇拜”的荒诞不经，但却抹煞不了它作为一种社会客观文化存在的事实。如能加以引导，有利于人们借助从神灵中获得自信和成功的自我暗示，从而有助于在人生道路上克服艰难困苦，取得成功。

（2）莫让民俗信仰活动流于形式，此间蕴藏的精神才是魂之所在。在走访中发现，村里很多年轻人都不知道为什么要爬刀梯，个中意义又

孩子们在耳濡目染之下，从小就有了“上刀山”的意识

是什么。他们只知道这是自己村子里一直流传下来的神圣习俗，因此每年都会坚持。在多年的潜移默化之下，到了一定的年龄，自己也就顺理成章地成为一名爬手。如此看来，人文精神的教育尤不可缺。向孩子们普及爬刀梯的历史典故，引导他们敢冲、敢拼、敢于追逐胜利的大无畏精神，方能更好地促进农村精神文明的进步。精神信仰的传承才是真正的文化延续。

（3）不少人想探讨赤足于钢刀上仍不流血的原因，我们可以从医学的角度去揭秘，但大可不必试图从文化的角度去揭秘这种民俗信仰行为。倘若一味纠结于“护身符对爬手的实际作用”、“村民是否真的有跟神灵沟通”等问题，难免会让如此流传百年的民俗文化丧失其神秘性及其魅力价值所在。

早在 2008 年，麒麟村“爬刀梯”项目就列入广东省省级非物质文化遗产名录，麒麟村也荣获“湛江市特色文化村”的美誉。尽管在一

4或6人一组扛起神轿以百米冲刺般的速度绕着刀梯接力狂奔

些外人看来，这是封建迷信，或者邪门旁道，甚至还遭受过外界的质疑和不解，然而对于麻章这片神奇大地上的村民而言，这种民俗文化就是他们的根与魂所在。

民俗文化，是一个民族精神世界的真实写照，是这个民族所创造的物质和精神文化两者的结晶。文化传承如同生命的延续一般，在岁月的沉淀中越加珍贵。

(五) 关公磨刀节——富有人文精神的信俗

“关公磨刀节”是麻章区太平镇东岸村为纪念关公忠义仁勇，祈求国泰民安而举办的独具特色的年例和民俗祭典活动。该活动于每年的农历五月十三日举行，这一天，是东岸村的年例，又是“关公磨刀节”和“雨水神”节的祭典日。其中，“关公磨刀节”民俗已于2012年被广东省人民政府列入“广东省第四批省级非物质文化遗产名录”。

为缅怀张兴武将军的丰功伟绩，麒麟村先民定农历二月十二日为本村年例

东岸村的“关公磨刀节”由来已久。东岸村于南宋末年自福建迁居而来，已有800多年历史，现有人口5000多人，村民世代以务农为主，兼营渔业。村中的三帝庙始建于宋代，至今已有数百多年历史，同时供奉着关公、观音和三元神“三圣”。关公因其公忠义仁勇最备受村民顶礼膜拜，长期香火旺盛，信众云集。三帝庙是湛江历史悠久、保护较为完美的著名祠庙之一，尤其门檐上的两尊“番鬼托梁”木俑，是雷州半岛特有的艺术珍品，它反映雷州半岛人民对侵略者的仇恨和无限的爱国热忱及民族自尊心，具有很高的地方历史研究价值，已被定为国家一级文物。

东岸村关公磨刀节源于两种传说。一是指东汉末年，关公目睹政局分裂，战乱连年，生灵涂炭，民不聊生，立志除暴安良。于农历五月十三日将青龙偃月刀磨砺锋利，寻拜贤主，为民造福，为国效劳。二是传说宋真宗时，有南海妖龙作恶祸害民众，宋真宗求助张天师派关羽出

东岸村的“番鬼托梁”木俑

战，终驱逐妖龙。宋真宗封赐关羽为“义勇武安王”。自此，关羽于每年农历五月十三，必亲临南天门外磨刀扬威，以防妖龙再作恶寻乱。东岸村民敬仰关公精诚神武，功德昭彰，定农历五月十三日为“关公磨刀节”与“雨水神节”。

据当地老人介绍，每年“关公磨刀节”当日，东岸村以磨刀祭祀仪典为主体，村民家家户户烧金猪供奉，盛装巡游，酬神演戏。东岸村戏楼前广场安坛请关公端坐，接受村民敬拜。坛前用玻纤布搭起帐篷，村民抬着用猪笼装好的“金猪”，约两百多头金猪整齐摆放在村文化广场的长桌上，礼拜的人们接踵而来，锣鼓喧天、爆竹震地、香火熏熏，场面壮观，香味四溢。村民还在每头“金猪”的头上插进一把用红纸包着的水果刀，刀锋向里，代表鸿运当头，事事如意，年年大发。“金猪”尾巴也用红纸包着，表示有头有尾，时时行运。当天，村里还举行粤剧、舞狮等文娱活动，这一天，所有外出打工谋生的村民，风尘仆仆赶回，凡是外居或出嫁女儿都要回来，加上亲戚朋友纷至沓来，络绎

300 多头金猪供奉

不绝，村中一片喜气洋洋，热闹非凡。拜祭完毕，村民就当场开刀切肉，举杯聚餐，并把烧猪肉送给亲友分享。

整个“关公磨刀节”祭奠的程序有以下六个步骤：

（1）安歌，即是为“关公磨刀节”演雷剧。十二日下午 3-4 时左右，请道士题写关公、观音、三元等诸神圣封衔，在村中戏楼前广场安坛观看雷剧演出，诵《祝贺科》经文赞颂神圣功德，告知宝诞礼拜开始，神乐人乐共庆宝诞。

（2）作福。农历五月十三日早上 6 时，村民开始在三帝庙敬奉三帝诸神圣，贡品全鸡一只、猪肉一块（或猪脚一只）、水果若干个、4 碗干饭（其中 2 碗干饭上面放糖片）、4 杯酒，虔诚敬拜。

（3）安坛，上午 11 时左右，请关公、观音、三元诸神圣从庙中起营到广场神坛安坐，做好准备受信男善女敬奉祝贺。

（4）祝贺，即祝贺关公磨刀出征护国安民的仁义之举。下午 1 时 30 分左右，全部金猪到位时，道士诵《祝贺科》经文赞颂神圣功德，祈祷赐福，保境安民。道士边诵经文边敲鼓打锣，吹奏唢呐伴随，悠扬顿抑，韵声和谐，缘首与福主跟随着道士行九叩首跪拜礼。祝贺期间，断续演雷剧怡神，并举行“磨刀节”祭奠仪式。

（5）演雷剧怡神，为关公、观音、三元神诸神演8夜雷剧，歌颂生平。

（6）回庙安座。经过8夜的演雷剧怡神后，再请道士诵经祈福，然后请关公、观音、三元神诸神圣起坛回庙堂安座。

“磨刀节”祭奠当日，人们从四面八方赶到东岸村，一场盛装游行表演带着古色古香的味道，队伍中间展示着关公的长刀，让摄影爱好者们快门按个不停，整个东岸村万人空巷，人们聚集在村里的广场附近观看表演。游行过后，长刀被放在广场中央，村民将整个广场围了个水泄不通，都想一睹为快。接下来要举行的是关公磨刀的仪式，穿着最吸引眼球的关公扮演者，手持一柄3米多长、60多斤全新打造的“青龙偃月刀”挥耍起来。当这把闪耀光芒的“青龙偃月刀”在他手上翻飞时，全场一片欢腾，掌声、欢呼声此起彼伏。其栩栩如生之状，令人仿佛梦

关公磨刀仪式

回三国，身临其境看到了当年气壮山河的关公舞刀的场景。

说来神奇，每年的“关公磨刀节”祭拜完后，天都会下一场大雨，如果这场雨恰在拜祭时下，更是吉兆，是“关公”在磨刀，磨刀水从南天门处降下凡间，雨越大越好，预示当年的光景必将风调雨顺。

东岸村是麻章民俗文化活动最丰富的村庄之一，除了农历五月十三的“关公磨刀节”和“雨水神”节外，在每年农历的正月十五，还举行盛大的“押灾下海”和“过火海”民俗活动，吸引成千上万的域外民众到来观看，成为湛江一绝。

送瘟神——“纸船明烛照天烧”

东岸村“关公磨刀节”等民俗活动，承载着悠久的人文历史和厚重的信仰内涵，凸显社会凝聚力和亲和力，教育和激励后人要秉承先贤正义，勇于除恶驱邪，弘扬积极进取精神，团结互助，发奋图强，共建和谐幸福的家园。这种弘扬关公仁德精神，进行社会教化，淳化民风的民俗活动，体现了社会的亲和力和凝聚力，有利于促进社会和谐和精神文明建设。

（六）过火海——充满无敌气概的民俗绝技

踩火场，又叫走火炭、走火链、下火海，是湛江一些农村年例期间深夜举行的一项民俗活动。作为一种神圣的民间习俗，踩火场的炭灰，可让五谷丰登、六畜兴旺，家庭富贵添丁。今湛江市雷州、遂溪、麻章、东海岛等地农村，每年的元宵期间举行此项活动，形式相似，情节有所差异，都出于遣灾、保平安的目的。麒麟村的年例是农历二月十一至十二日，在这两天都会举行隆重的“过火海”民俗活动。与日间爬刀梯相当，过火海无疑是晚上习俗活动的重头戏。若说刀梯勇士蕴含大无畏精神，而火海先锋更向世人展现了无敌的气概。

“过火海”民俗活动有一套特定的仪式和程序，由叫师傅头的人主持表演。先在空旷地或大操场，用当天砍下的新鲜木柴 1000 多公斤，架成堆，约 1 米高，2 米宽，3 米长，当晚点火，由两名男子用长叉负责拨弄火堆木头，使其烧旺烧透，村中男女老少围着火堆狂欢活动前举行隆重的祭拜仪式，族老用公鸡一只，杀血洒火场，然后斩下鸡头，放入农用的一个铁犁内，投入火堆猛烧。接着师傅头将纸巾扔进火堆，说

用 1000 多公斤木柴架成堆，将其烧旺烧透

师傅头将纸巾扔进火堆试火

是试火。四周群众敲锣打鼓，狂叫高呼。众多青年，有的咬着燃点的香火，拼命打锣打鼓；有的挥舞香火不停呐喊，作表演前的阵势。

按规定的时辰，师傅头身披红袍，头缠红巾，脚穿拖鞋，肩上扛着一面灰旗，率领弟子到村头神龛上香，吹响牛角号出征。在众人的拥簇下，师傅头来到火场，全场一片欢腾。此时，火堆木料已燃尽，留下一地赤红火炭。师傅头身披一床薄棉袄，在火炭上灵巧地翻来滚去，然后从火中将烧得通红的犁头取出咬在口中，围绕火堆表演，旁人可闻到明显的焦味。

紧接着，群情开始汹涌过火海。师傅头与众弟子，抬着神桥，一个接一个冲入火海，在火炭上来回小跑，将火炭踢得火花四溅，满地硝烟，这是表演庆祝的高潮。此时，四周烟花升空，爆竹燃放，锣鼓齐鸣，宣告庆祝活动结束。整个过程火光飞溅、人影翻飞，极具视觉震撼力。

关于过火海的传说：传说一，据传那位神勇将军张兴武，在斩妖除怪功圆德满后，升天成神，玉帝封他为金兰会主兴武三师上帝。兴武将

师傅头从火中将烧得通红的犁头取出咬在口中

师傅头与众弟子，抬着神桥，一个接一个冲入火海

军为道教祀奉神，金村先民为纪念兴武将军的赴汤蹈火大无畏精神，约于明孝宗年间开始，每年在年例之夜，举行下火海活动，于是成为了与

爬刀梯相当的信仰民俗。传说二，据传宋乾兴元年（1022 年）宋宰相寇准被贬为雷州司户参军。某一天，天上突降陨石堕落于雷城南日池，百姓认为是上天降灾，十分害怕。寇准向百姓解释陨星落地是自然现象。为了磨炼村民意志，强身健体，寇准召集村民习艺，带领弟子举行“上刀山”、“下火海”活动，培养古雷州先民敢上刀山下火海、求生存谋发展的大无畏精神。寇准逝世后，村先民为纪念他，每年在元宵节期间，举行“下火海”活动，逐渐成为年例。此习俗主要分布于雷州市、麻章区等的部分村庄。

随着世人对过火海的探索和研究，不断有人揭秘出背后的真相——表演前在火碳表面撒下硼砂和朱砂这两种在溶解时要吸收大量溶解热的物质，使木碳表面的温度猛降；加上勇士表演前双脚在饱含朱砂和硼砂的“圣水”里泡过，这便是勇士们毛发无损的个中奥妙。尽管如此，其危险程度仍是不可小觑的，踏着高温燃烧的火炭，一不小心则会有被烈火灼伤的危险，绝非常人敢于轻易尝试的技艺。没有先民们那勇敢无敌的气概，也不会有今日这让人瞠目结舌的民间“奇俗”。造就这一身绝技好本领的要诀，除了常年累月的练习，更多的是一份不服输的力量、把生死置之度外的大无畏精神以及对神灵祖先的信仰。

下火海习俗传承了古雷州半岛先民与自然界作斗争，敢上刀山下火海、求生存求发展的大无畏精神，反映了远古时代的先民对自然和祖先的崇拜，这对研究雷州半岛先民的族属与地区社会发展、文化交流有重要的参考价值。由此看来，过火海，绝不仅是一项简单的民俗表演，更是象征一个地区、一个民族浴火重生后的涅槃，是中华传统文化的精神根源所在。

（七）翻刺床——蕴含牺牲精神的民俗神功

“翻刺床”是湛江地区一带民间民俗活动中的一项民间绝技，从清咸丰年开始，一直流传到现在，有近 300 年的历史，意在驱斜、逐疫、祈福。这项民间绝技常伴着年例和傩舞等民俗活动一起举行，在麻章尤为兴盛。每当年例或神诞活动，麻章许多村庄都有“翻刺床”表演，就像“穿令箭”一样，它神秘而不可思议。“翻刺床”表演并非人人可做，要在特定的时间、特定的情景、特定的人（据说要由“神”选定）、经过特定的程式（要由特定的承传者主持祭神仪式和念咒语）才能举行。据说这一切做足了，得到“神”的认可，就会顺利，翻刺床的人不会被刺伤流血。翻刺床民俗在麻章承传已有数百年历史了，随着承传人的老去，由于这项民俗的危险性和艰难度，年轻一代愿继承者很少，现在能开展这一民俗的村庄越来越少了，这一民俗已处于濒危状态。

“翻刺床”就是用带刺的树枝或铁钉扎成一张刺床，勇敢的村民脱光上衣在刺床上翻滚，有的翻滚后还躺在刺床上，让人抬着游行。大多数翻刺床者安然无恙，不见流血和伤痕。也有翻滚者被刺伤出血，但没有痛苦神态，表情自然。翻刺床和穿令箭、爬刀梯等民俗一样，成为湛江地区最为神奇的民俗文化。

麻章用来“翻刺床”表演的刺床有两种：一种用木板架成一张“板床”（长约二米，高一米），床板上布满铁钉，钉尖向上，制成一块钉床；另一种直接用带硬刺的植物（一般用一种叫“葡萄牙刺”的植物枝条）扎成刺床。床上的刺锋利而坚硬，一般人碰到会受伤出血的，

“翻刺床”是湛江地区最为神奇的民俗文化之一

刺床由一种叫“葡萄牙刺”的植物枝条扎成

这绝不是什么魔术道具。

当游神活动开始后，村民们把刺床抬到村子广场的正中央，由道士或巫师对刺床举行祈祷仪式，不一会便有“神灵附体”的村民（一般是青年男子）从“神轿”上跳下，脱掉上衣，赤裸上身，扑到刺床上来回翻滚。这时戴着各式面具的傩队则在坛前跳起傩舞呐喊助威，民众也欢声雷动。

在青年男子翻过刺床的过程中，牙刺深深扎进男子的身体，但青年男子却表现得异常兴奋、面无痛苦，直至翻滚完整张刺床才落地，此时青年男子会骄傲地站起来向围观的村民挥手、振臂致以问候。滚完刺床后，有的在地上铺一上块红布，翻刺床者在红布上一滚，身上的断刺全落在红布上，身上没有伤痕和血迹。此时鞭炮轰鸣，鼓乐齐奏，欢呼声响成一片，用以庆祝胜利重生。

翻刺床的过程中，女性是被禁止围观的，村民们相信，女人如果在表演的时候经过，会惊吓到附在表演者身上的神明，导致表演者受伤，甚至导致表演失败。所以，到当地旅游的女性游客要“入乡随俗”，切

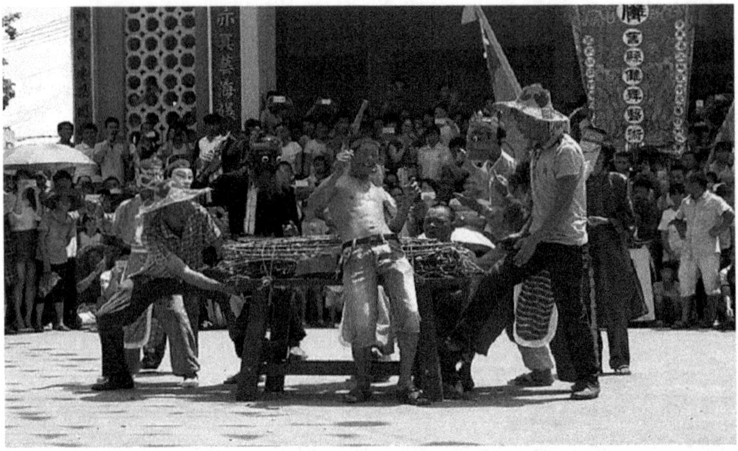

傩舞与翻刺床

翻滚刺床后躺在刺床让人抬着游行

记不要近身围观“翻刺床”的过程。

“翻刺床”活动，巫师、祭司的祭祀祝颂，祈神仪式，加上节奏鲜明、气氛热烈的乐器敲击，以及面具狰狞的傩舞，增添了翻刺床活动的神秘色彩。人们坚信，是有神的意志和佑护，翻刺床者才会安然无恙。在翻刺床游神以后，村民抢着把这些葡萄牙刺条（有些带血）拿回家，悬挂在家门口。据说这种沾有重生勇士的血的刺条可以辟邪。

现代人对于“翻刺床”活动有不同的看法，有人说能锻炼人的意志，也有人认为这些人愚昧，活动残忍、迷信，主张要政府取缔之。我认为对于传统民俗文化，已存数百年。它的存在自然有其存在的理由和意义。

（1）一个地方的民俗文化，其生存与发展取决于本土的民间营养，包括民间风俗习惯、历史传承和民众的接受度。湛江地区“翻刺床”等民俗文化，完全是草根文化、乡土文化，与精英文化无关。它不可随意移植（本地民俗移到他乡往往水土不服，无法生根，除非整个移民）。因此，对于民俗文化中外地人难以理解的现象，我们无需为他们担忧，从来如此，便能自得其乐；我们更不可用所谓“精英”的眼光去限制他们，甚至棒杀他们。无论是精华也好、糟粕也罢，流传下来的，都有其存在的历史意义。

（2）对古老的“巫”文化亦应正确看待，不要一概片面否定。无疑，湛江的年例游神、“翻刺床”、“穿令箭”、“爬刀梯”、“过火海”等的民间仪式是来源于古老的“巫”文化。传统“巫”文化起源于蒙昧时代，免不了带迷信色彩，但流传千百年，至今不息，自有其流传的道理。从现代科学的角度研究，也有值得借取的元素。现代心理科学研究认为，巫术具有一定的心理治疗与心理暗示作用，巫术的心理暗示“场域”结构可以称为“仪式性场域”。在粤西年例“翻刺床”等的民俗仪式上，表演巫术的村民，往往都认为自己怀有“神圣使命”或“神灵护体”，表演前自身就极度亢奋，再加上现场村民的喊声、锣鼓击打的喧嚣气氛，这就形成了“仪式性场域”。在“仪式性场域”的作用下，表演者就像喝醉酒一样神志恍惚，而且心里确信是有神灵保佑，再加上至今还无法解释的神秘现象，所以表演时他们都不会觉得痛。表演者这种无畏无痛的表现，又加深了村民对“巫”的崇拜与信仰。对这种“仪式性场域”研究和利用，具有一定的社会学意义，因此，简单地认为巫术是迷信行为、是装神弄鬼，从面把它归结为伪科学而全面否定的观点，是片面的，不科学的。

（3）麻章“翻刺床”等粤西民俗文化仪式具有文化娱乐性，是农村文化建设的重要组成部分。麻章年例文化是当地农民喜闻乐见的文化，是自发的草根文化，有深厚的群众基础，尤其是其中的穿令箭、翻刺床、爬刀梯等民俗。正因为它是一种傩俗、巫俗、崇雷俗相结合的产物，也是一种媚神仪式，并且具有惊险、神秘的巫文化色彩与自残的特征，具有很强的观赏性和娱乐性，所以才在民众心目中引起震撼。也正因为这些民俗形式具有历史性、民俗性和观赏性，才得以被湛江市非物质文化遗产保护中心相继申报为市级、省级“非物质文化保护项目”。

（4）麻章“翻刺床”等民俗文化具有积极的社会意义。这些民俗文化仪式承载着悠久的雷州半岛人文历史与厚重的岭南文化内涵，兼容族群凝聚力与亲和力，能激励后人承继先辈正义除恶、不畏艰险的传统。这些民俗文化仪式原有的原始宗教功能随着社会的进步逐渐退出历史舞台，它赋予更多的是族群团结、社会和睦、精神文明的社会功能，社会学价值明显。尤其值得肯定的是，这些民俗文化仪式中的民俗体育价值功能也凸显出来。据调查，体育元素比重在湛江地区民俗文化仪式的社会变迁过程中逐渐增加，民众通过参与这些民俗仪式活动，不仅有益身体健康，更为重要的是村民能够获得心理上的调适。因此“翻刺床”等民俗仪式不仅仅是一项民俗活动，它也是社会文明和民族体育传承的载体之一。

（5）麻章“翻刺床”充满牺牲精神和英雄气概。“翻刺床”等民俗的出现与雷州半岛的生存发展历史有关，雷州半岛古称南蛮之地，人烟稀少，荆棘丛生，山深林密，生存环境恶劣。据当地村志和史料记载，各始祖建村的历史都是披荆斩棘、刀耕火种的历史。半岛先民在艰难生存发展过程中，对凶禽猛兽怀有极度的畏惧之心，产生对其威猛之力的崇拜，于是产生了崇尚勇武的精神。为了缅怀祖先艰苦创业的历史恩德，为了激励族人勇于挑战极端环境，拼搏发展，半岛先民便选择了“翻刺床”、“穿令箭”等这种带有“自残”特征的仪式，怀念祖先，教育后人；同时也包含有“牺牲我一人，造福全村人”的献身精神。这种带有傩技特征的仪式，反映原始农业披荆斩棘、刀耕火种的特点，它是对始祖大无畏精神的崇拜与怀念，并与他们所崇敬的神有着千丝万缕的联系，从中也体现出一种人定胜天的英雄气概。

三、精湛的民间艺术——粤西民俗艺术个案研究

粤西民俗在长期的发展中，不少形成了丰富而精湛的艺术形态，引起了专家、学者的关注，也成为当地高校学者研究的热门题材。本课题成员黎一飞、杨文霞就粤西白戏和湛江傩舞面具的艺术特征等进行了专门研究，其研究成果先后发表在相关学术期刊上。岭南师范学院还有一批从事音乐研究的教授，如孙建华、刘福瑞、甘咏梅等，以及广东海洋大学的一批学者，亦对这些民间民俗艺术不遗余力地研究，由此获得教育部、广东省社科专项科研项目多项，并有丰富的成果发表。下面是笔者对这些研究成果进行了整理后收入本研究内容之中，以作粤西民俗艺术个案研究佐证。

（一）粤西白戏的唱腔和表演艺术①

粤西白戏，以木偶为表演程式，原称“白戏仔”，又叫“安铺白戏”，后称粤西白戏，是广东省八大著名剧种之一。流行于广东省湛江市的廉江市西南部和遂溪县西北部以及广西北海、合浦等地；白戏唱词通俗易懂，唱腔优美，音乐动听，以独特的原始胡——簕古胡做伴奏，是具有传统地方特色并为群众喜闻乐见的地方剧种。

① 本书主要引用黎一飞的研究成果：粤西白戏的唱腔和表演艺术，该成果发表于《当代音乐》2016 年 11 月号（下）。

1. 粤西白戏的演出内容

（1）喜庆戏：农民喜获丰收、喜结良缘、喜得贵子、科举高中或仕途升迁等喜事，都要演戏庆祝。改革开放后喜庆戏类较多，如企业或个体工商户赢利、外出务工老板探亲、公司开张营业、农家子弟考上大学，都要演戏庆祝。

（2）神诞戏：每逢固定神诞的日子，必请白戏庆贺，捐戏者互相竞赛，比谁捐资多、表演时间长，尤其相邻村庄互相攀比，有时固定地方表演竟达60天以上，参与者众，村民无论外出多远工作，神诞演戏期间必返乡看戏。各家各户宴请亲朋戚友，攀比谁家亲戚朋友多、面子大，热闹非凡，这一传统习俗代代相传。

（3）年节戏：逢元宵佳节、二月二、端午节、中秋节等传统节日是白戏表演黄金季节，戏班不能满足几个地方同时邀请，要分日夜两班，众人争相看春戏，以示带来好运。表演时要祝平安、好运、发财等。

（4）还愿戏：过去民间盛行在神前祈福，一般春季起福、冬季还福，还福时请白戏演出叫还愿戏。还愿戏分两类：一类是还福；另一类

正在演出的粤西白戏

是除病消灾，此类戏演出循规蹈矩，又渗合道教活动，如举行拜告神灵、请神、接神、出府驱鬼、还愿、送神回府等仪式。

（5）拍台戏：又叫擂台戏，由主家聘请两个或两个以上戏班在同一广场分别搭台演出。拍台演出输赢视各班观众多寡而定，对参与拍台演出的戏班，东主分别派发红包，赢者授锦旗。由于拍台戏的戏班为竞技、赛艺，也为争取各自观众，除了选择适合东主和当地观众口味以及本班最擅长演出的剧目，还要拿出各自的奇招绝技或增加一些滑稽诙谐逗趣打诨爆肚的笑料，各自拿手戏均在拍台戏中表演得淋漓尽致。

2. 粤西白戏的唱腔艺术

（1）白戏班的人员结构。

白戏唱词通俗，唱腔优美，音乐动听，伴奏乐器独特，是典型的地方特色戏曲剧种。通常一个戏班由7—8人组成。具体分工是：簕古胡（兼唢呐）1人、横箫1人、月琴（兼三弦）1人、掌板1人、舞手2人、统筹1人。

（2）白戏的音乐伴奏

粤西白戏的唱腔一般不跟腔，“三件头”（簕古胡、月琴、笛子）独具地方特色的加花演奏自成风格。其中句、顿间的小过门均是由唱腔中惯用的旋律变奏扩展而成。音乐伴奏包括板腔、小曲和锣鼓三大部分。

①板腔。板腔包括正线慢板、正线快板、反线慢板、士工慢板和担经腔。

正线慢板：分上下两句，每句分为两顿，尾顿结束音回“合”，其余各顿没有严格规定。正线慢板是白戏最常用的一种板腔，表演时多用于叙述和表达剧中人物的内心世界。除了引子、过门、结束句拉腔和特别性音形的使用较规范化外，唱腔曲调可以根据唱词的内容适当自由发挥，演奏时音嗓的速度、节奏和间奏的滚花伴奏也相应自由灵活。正线快板：它是正线慢板的紧缩变体，与正线慢板的主要区别在于它的速度较快，不分顿（个别特殊的下句或结束句可分顿，但这种情况较少）。多用于武打和情绪激昂的争斗场面。

反线慢板：相对正线慢板变线（即是转调）而言，即正线慢板胡琴定弦为“尺”“王”，而反线慢板胡琴定弦为“合”“尺”。演奏时反线慢板的起序、收序与正线慢板差异较大，而间奏法与正线慢板近似；反线慢板行腔较弱，在一段唱腔后，往往于上句第二顿或下句突转正线慢板，由于变线和由弱突然较强，因而收到非常鲜明的对比效果。

士工慢板：是指此板腔以“士工”为主干音，结束音返回“士”而言。其行腔比较抒情、柔和。

担经腔：担经腔的上句是运用当地斋坛用的道教音乐“担经调”，下句转向正线慢板而相间使用的一种特殊腔调。

白戏板腔的起序及间奏。它是白戏音乐最具特色的曲调。它由白戏特定音乐的变奏和伸展、扩充而连接中止间而成。其中，起序和收序是白戏的主调。

[起序]：起序包括长起序和短起序。长起序的旋律起伏绵绵，多用于文场戏的抒情唱腔；短起序的曲调明快活泼，多用于武场戏。

[收序]：收序是下句的补充过门，白戏传统唱法是每唱完一个下句即来一次收序，接“三槌头”锣鼓再起短序，固定不变。但到20世纪70年代后期有所革新，即收序后，紧接起序或收序后即接唱，避免了冗长拖沓之弊端。

[间奏]：间奏音乐即是句中顿间的小过门。是根据唱词的落音和唱腔最后乐节的音调变化、重复或模仿，再接常用曲牌，时值不定，在演唱者开口唱后才紧接转入伴奏。

②白戏的小曲。白戏的小曲主要用于剧中人物的动作和念白的陪衬，有些小曲本是唱腔伴奏，经过长期演奏，已演变成白戏独立小曲。其用途一般分为文戏和武戏两种。文戏有“金不换”、“四不正”、“一锭金”、“手托”等。粤西白戏使用的小曲趋于“简”“古”，即保留原始面貌，由于粤西白戏乐器的加花演奏，其风格也有别于其他剧种的

小曲。

③白戏的锣鼓。粤西白戏锣鼓有“起序”“收序”“出场”“入场”和过门用的“三槌头”等，通常的锣鼓有“撞点”“水波浪”“三槌”“五槌”和“七槌”等。

3. 白戏的表演形式

（1）功架表演。

白戏功架表演较特殊，操纵者一般右手抓住代表木偶身躯的大竹筒（有戏服套体），左手抓着小竹竿控制木偶手部表演，木偶出场代表一个角色，是“演员”。表演时根据人物的性格特征动作，细腻处和真人演员一样。如：花旦表演，出场时先用“手”检查纽是否扣好，抹一抹额头，检查仪表是否整齐；武场戏的武斗场面枪来棍往、刀光剑影，一招一式都像真功夫一般。另外，舞手双手灵活，根据剧情控制木偶情绪变化，木偶一般靠面部口、眼、鼻的左右上下转动，操纵技法有特殊的扳、捻、抛、压等。木偶眼睛上下左右转动，细腻传神，情到真处，或暗送秋波、含情脉脉，悲愤时能横眉怒目、叱咤风云，欢乐时可开口大笑，发怒时可破口大骂，惟妙惟肖的表演经常引得现场观众共鸣互动。

此外，舞手还须熟悉戏剧舞台台步，白戏基本台步有“小八字步、大八字、马步、丁字步、水波浪、走圆台”等，初学者要跟班实践三五载或更长时间方可独立表演。

（2）行头道具。

脸谱：主要是杖头木偶，在木偶制作彩绘时已根据各色人物而设定脸谱，不需要临时化装，表演时，根据需要戴上髯口即可，真人扮演才临时化装。

服装：分着服装和头饰两部分。其中，服装分为甲、蟒、青衣、披风、霞帔、马褂等，根据角色身份和地位，服装分别绣上龙、虎、凤、蝙蝠、花篮等图案，有红、黄、白、青、黑、蓝等颜色；头饰也有平天、三仙、冠等，图案设置也以龙、虎、豹、蝙蝠、蝴蝶等为主，根据戏中人物而设定。

戏服根据木偶形象和各色人物性格特征设计，主要有：

大甲类：圆领，靠身的前后左右共分四片，分别绣上各式图案，中为靠肚也叫前甲，有虎头图案，下方有花篮，两边各绣一蝙蝠，两肩为蝴蝶图案；靠背有四口插旗穴。大甲分有红、黄、绿、黑、白等颜色。

大蟒：圆领，大襟，大袖。即有水袖，以龙、云和水波浪图案为主，有红、黄、绿、黑、白等颜色。特别人物如帝王穿黄色，曹操穿红色，包公穿黑色。女装主图案为凤，两肩有对称的蝴蝶图案，颜色也有红、黄、绿、黑、白等。

黑鬼衣：是二花脸、小武类人物服，正面开襟，高卷两袖，前襟敞开露出肚皮，形象粗犷、鲁莽。

青衣：圆领，有水袖，中间绣凤图案，后有对称花篮。此外，还有披风、霞帔、马褂等。白戏帽盔和髯口，乃木偶男性角色扮相的重要组成部分，戏中人物的身份、地位、年龄、性格等特点，都可以通过佩戴各式各样的帽盔和髯口表现出来。木偶帽盔大致分为四类：盔、冠、巾、帽。

盔类有：元帅盔、将军盔、王爷盔、文帝盔、武帝盔、狮子盔。有些头盔还饰有龙图案，有红、黑、青、黄等颜色。

冠类主要有：平天冠、紫金冠、太平冠、帝冠、太子冠等。

巾类有：相巾、员外巾、九龙巾、日字巾、文生巾、八卦巾、鸭尾巾、贺寿巾、福如巾、孔明巾、萧何巾等。

帽类有太监帽、花纱帽、和尚帽、旗军帽、吏帽、奴帽、莲子帽、高纱帽等。髯口类主要有八字胡、羊须、黑满、白灰、苍满等。

木偶：一般一班戏称为一担箱，一担箱约有 40 多个木偶，木偶即是木偶戏中的“演员”，主要人物还分别有老、中、少等头像相配。此外，白戏还设有令箭、令牌、拂尘、蛇、虫、鸟、兽等表演道具。

（3）舞台设备。

白戏木偶班演出，以小舞台、临时舞台为主，每班有特制的数根木桁、竹竿，有些用自来水钢管焊接成支架，临时架设即成，舞台相对简单。农村空地、圩镇街边均可搭台表演，没有固定座位，群众各自带来椅凳自行一放就可以观戏，无须专人管理，秩序亦井然。此种自然方式已成习惯，前排是小朋友及老人家席地而坐或坐小短凳，中间排一般是高凳，后排为站位。戏台搭架：搭戏台用特制的木桁、木杆、水管支架若干条，用一块约65平方米的篷布盖戏台顶，临时架设即成，在戏棚中央用一块舞台布景分隔开前后台，前台表演，后台放置木偶，戏棚前段放置一块约6×1.8米的色布做挡布，演戏时由挡布遮住人，看戏只见木偶不见木偶操纵者。戏班旗：大小1.2×1.6米，用红绸布或棉布做底布，分别绣上多式花草或龙凤图案，中间内容为题词，写明戏班名称或受赠的锦旗等。音响设备：一个高音喇叭、一个功放机、一个电容麦。照明设备：过去为3盏煤油汽灯，后来普遍用照明电灯，汽灯少用，用几盏500—1000瓦射灯或普通照明电灯。广告牌：有一块30×50厘米的广告牌，演出时挂在戏台前一侧，写上演出剧目或预告演出剧目。

（二）吴川飘色及其造型艺术①

飘色又称抬阁、走阁、重阁、高台、彩架等，是流传于我国中部及东南沿海地区的一种民间游艺，是农民祈求神灵镇邪去病保平安、企盼丰年的原始祭神求福活动。该艺术形式以一根特制的钢筋做“色梗”，将孩童化妆成造型人物置于特制的板车上几米高的铁架中，使表演人物凌空飘起，因有凌空、飞飘之感，加之又流动游展，故有“飘色”之谓。飘色是广东色艺的一大特点，“飘色”在吴川方言中又叫“妖色”，据说跟扮演人物的浓妆妖艳有关。飘色有许多种，按安放的位置不同，可分为水色、车色、船色等，吴川的飘色属于“车色”，即将小孩化妆

① 本文主要引用袁浩鑫的研究成果：湛江傩文化研究之吴川飘色造型艺术，该成果发表于《大舞台》，2015年第08期。

成戏剧人物后，固定在小推车两米多的高杆上，一车称为“一板”。早期吴川飘色确实与“游神赛会”有关，是民众祈求平安、赐丰年的祭神求福活动，近年来，随着现代文明不断融入其中，逐渐成为一种健康的艺术。今日的吴川飘色更多是吴川元宵节庆典的一项重要内容，是吴川元宵节中最热闹的“社火”活动。飘色活动在吴川据可考时间已有八百多年历史，它在粤西岭南甚至整个东南亚都颇具名声，这一集戏剧、音乐、美术、杂技、力学于一体的综合造型艺术，由于“伪装”得甚是巧妙，一般人很难看出奥妙何在，被誉为“东方的隐蔽艺术”，是岭南民间艺术的一朵奇葩。但有关这种独特艺术造型的研究还不够全面，多见于诸如《梅菉志》等记录历史、文化、民俗的文献，其他地方飘色艺术研究也大都如此，因此本文拟从另一视角——美术学角度对吴川飘色的造型艺术特征进行考察。造型设计从根本上来说是由造型中最基本的点、线、面、体、色彩、质地等组成，依照美学原理进行组合和处理后形成新的形态，其艺术特征主要包括形态、材料、工艺和色彩等几个方面。

1. 造型多样

吴川飘色主要由色柜、色梗、色芯三部分组成，每部分都有自己的特色，由此组成千姿百态的造型。

（1）色梗。吴川飘色之所以能使观者从视觉上有“飘”的感觉，其神秘、惊险之处全在于色梗，这也是飘色造型的关键。色梗又称“飘铁”，是一根细小的强韧钢支，弯曲成不同的形状，支撑起几个甚至十几个人。飘色一般分为上下两个部分，在台面上坐立的造型称为“屏”，凌空飘起的造型称为“飘”，屏和飘之间利用一条经过伪装的“色梗”链接。色梗长短不一，色梗犹如主心骨一样，支系着上下所有的表演者，使其能坚固地竖立在色柜上，并保持一个姿势不变。人物的动作则依靠这些起承受与支撑作用的钢铁框架上，而色梗紧傍孩童身躯，不露痕迹地隐藏于衣饰之中，伸出体外的部分要巧妙装饰为各种道具，如花篮、羽扇、刀剑等，成为整个画面的一个有机部分。因此，色梗的造型和装饰是一板飘色精华之所在，是吴川飘色的全部奥秘，体现出吴川飘色造型艺术的精髓和飘色民间艺人的别具匠心。

吴川飘色的造型艺术

（2）色柜。色柜是吴川飘色巡游艺术中承载“屏”和“飘”以及用于安放并隐藏色梗底部的柜子。色柜一般是以坤甸木制成的长方体，其两旁各自穿着一条长约两米的木杠，俗称“色杠”。巡游时，抬柜者少则 4 人，多则 12 人，从外观上看有点类似于旧时的轿子。色柜外表上漆，为增强每一板飘色的美观，艺人们会在色柜的四周绘上寓意吉祥的传统民间图案，如福禄寿喜、祥云纹、龙凤纹、花鸟鱼虫等，且每幅图画左右下角均配有相应的诗句或祈福语，使得色柜造型古朴大方。在吴川飘色中，一个色柜就是一个小舞台，能够展示一个完整的主题，一个色柜也是一个表演色板，记载着飘色的图谱。

（3）色芯。色芯指飘色艺术中人物的扮演者，吴川当地也成称“色仔”。色芯是飘色艺术中的一个主要组成部分，是每板色表演故事的主角，也是飘色巡游中的主题所在，他们的存在让吴川飘色艺术活灵活现，惊险迭起。比较而言，吴川飘色造型类似天津一带的“重阁”（背阁），云南通海的“高台”和江南一带的“抬阁”，但又有各自的特点。“重阁”通常两人一组，分上下两层，下层演员由中青年男子扮演，将铁芯子结实地绑在身上，上层由十来岁的儿童扮演，双脚绑在铁芯上，着戏装，上下两层演员配合表演，其造型大多为垂直结构，无飘逸感；“抬阁”是在木制的四方形小阁里有两三个人扮饰戏曲故事中的人物，由别人抬着游行，并无“飘”“屏”之分；“高台”虽有凌空飞来之感，但只讲究形象逼真，缺乏吴川飘色奇妙含蓄的神韵。吴川飘色博采各家之长，造型多样且奇妙逼真，凌空飘逸，有着丰富的层次美感，体现了南方飘色的特征。

另外，吴川飘色也大量汲取了舞台表演艺术的精华，往往选取一个民间故事、一部戏曲或是一个事件片断中的一个瞬间，通过色梗的巧妙连接，只用一个造型就将其全部内涵展现出来。以游行进行表演的方式，可以说是造型艺术的成功应用。如今，吴川飘色造型创新意识增强，创作的板色也越来越多姿多彩，在保存传统飘色技艺的同时也增加了创作的难度，技术要求越来越高，发展到现在，已经可以制作十三飘多层高难度飘色，最高可达 4.5 米。这亦是吴川飘色较之于北方“重阁”“高台”和“抬阁”高妙之处。

2. 制作奇巧

吴川飘色巧妙地运用力学、美学、绘画等方面的知识，在制作工艺上具有奇巧特征，主要体现在结构的奇和隐蔽的巧。一根细小的钢条，能弯曲成各种不同形状，支撑起几个甚至十几个人，且在外形上不露痕迹，体现出该艺术形态高超的制作工艺。一板飘色，不论是色柜，还是

吴川飘色艺术中人物的扮演者

色柜上靠色梗支撑的“屏”或“飘”，其大小、形状、所处位置，都有一定的法度，是飘色艺人经过数百年的研究和实践得出的美学规律。吴川飘色的迷人之处，主要集中在色梗上。色梗太粗，易被识破，色梗太细，则易变形甚至折断。色梗锻造需要精细而又有最大限制的承受力，装饰精妙而不露痕迹，可以说，色梗的锻造和装饰是一板色的关键，也隐藏了一板色的全部奥妙。与同为广东飘色的番禺沙湾的飘色比较，吴川飘色不但在“飘”的造型上更富变化，在制作工艺上更讲求色梗的仟巧。吴川飘色发展至今，不但“飘”的人物越来越复杂，板色造型立体化，场面非常宏大，有些飘色还采用电动装置，可以使飘色某一部分旋转、升降、移动、喷火、喷水、喷烟等，充分体现了吴川飘色制作奇巧特征。

3. 选材独特

从造型艺术角度看，吴川飘色在选材上也有独到的地方，主要体现在“木、铁、人”三材的选择和应用上。

（1）木材。旧时的飘色支架是木做的，没有钢筋结构，多以铁钉、铁丝和麻绳捆绑固定，道具和人物则是由麻绳和铁丝捆绑。一代飘色，完全由一些小孩饰演戏中角色，穿好戏服化好妆之后，往已修饰好的木质色柜上站立，或绑于木质色梗之上，在前面加上个标题就是了，谓之“飘饰”。而如今支架完全由钢材替代，木材只用于制造色柜。但在吴川飘色艺术的发展进程中，乡土材料坤甸木无疑起到至关重要的作用。乡土材料是长期以来人们生活中技术和艺术结合的结果，它本身的形成就是一种文化的结果。坤甸木是南方树种，因其结构细匀，材质硬重，强韧耐腐，抗蛀力强，常用来制作船只内外龙骨。坤甸木无疑是制作支架的极佳用材，集适用性、经济性和艺术性为一体，不但充分体现了乡土特质，也是该艺术形态得以延续发展的重要原因之一。

（2）铁材。铁材所具有的坚固性、柔韧性、耐久性是木材无法比拟的，铁材的加入使得飘色艺术得到质的发展，主要体现在色梗的锻造上。色梗有明铁、暗铁和台铁、手铁之分，明暗之中又以暗铁为多。铁料的选择以黑白钢管、薄钢板、扁平钢为主，无缝钢管、不锈钢为辅。经过制作师傅精心的焊接和完美的造型设计，勾勒出飘色的雏形。飘色的主体骨架支撑力在于隐藏的铁料之中，铁料所具有的坚韧性，以及自然赋予铁艺品千变万化的独特面貌，有机形态的，无机形态的，结构简洁的、复杂的，大大丰富了飘色所能表现的范围。设计者可依据自己的爱好选择不同的图案、造型、风格，赋予铁艺品更强的生命力、更强的内涵，达到色泽与造型的完美结合。铁材所表现出的冷峻及其材质本身的色泽都极具现代感。吴川飘色大量采用铁材，应用铁艺适应了年轻人追求高品位、个性化的心理，从而使得该艺术形态得以继承和发展。

（3）人材。表演者的挑选是吴川飘色十分重要的组成部分，飘色的魅力也因有了“人材”的加入而更加活灵活现。飘色中的人物是经过严格挑选的，大多为一些长相俊美，身段、体重合适的年幼孩童（多为三至八岁小孩）。一般男孩扮“屏”，女孩扮“飘”，从装色到巡游结束，扮演的孩童都被牢牢地绑在色梗上，只造型亮相，不用歌舞。据说被选上的小孩都属“旺相”，因而当地人都为自己的小孩能成为飘色人选而自豪。可见，吴川飘色的独特的“三材”组合体现出动感、舒适特征，也体现了材质工艺与意匠营构的和谐统一，而且完全符合人体工程学的设计，这已经不仅仅是一种获得观赏性的工具，而是应该代表着高水准的功能性设计。

4. 色彩华美

色彩是飘色塑造人物、氛围必不可少的条件。吴川飘色是一种民间艺术，体现老百姓的色彩审美需求。吴川飘色无疑深受粤剧影响，其板色题材巧妙地将演员的妆容、服饰、道具融入其中。由于飘色活动多在重大节庆日举行，不但能塑造喜庆、热闹的气氛，还有表达吉祥如意的寓意功能。因此作为乡土气息浓厚的吴川飘色也体现出色彩华美的个性，主要体现在妆容服饰和道具上。

（三）遂溪醒狮艺术的社会文化特色及其发展 ①

遂溪县位于中国南大陆的雷州半岛北部，东距港城湛江市区 16 公里，南与海南岛、西与广西北海市隔海相望，东与雷州市、北与古城廉江市区接壤。全县 15 个镇，248 个村（居）委会，总人口 97.61 万人。遂溪醒狮源远流长，历史悠久，明、清时代开始盛行，其表演形式独具

① 本文主要引用苏雄的研究成果：国家非物质文化遗产之遂溪醒狮研究，该成果发表于《体育文化导刊》，2007 年第 4 期。

一格。它不但融合了南北狮表演之长，同时在吸收南北狮精华基础上在套路、难度、鼓点、表演动作、表演形式等方面不断推陈出新：从单狮到双狮到多狮、从地狮到凳狮到高桩狮、从普狮到夜光狮、从男狮到女狮、从太狮到幼狮等，观众赞不绝口，叹为观止，誉为“中华一绝”。全国性大型表演上的醒狮表演基本都邀请遂溪醒狮参加。目前，遂溪县有民间醒狮团255个，其中高桩狮28个，地狮227个，参加表演的队员达1万多人。几年间，该县积极组织醒狮团参加国内国际重大表演赛，并多次代表国家到法国巴黎、澳大利亚等外国表演，获国际和全国醒狮表演大赛金奖、银奖、创新奖、山花奖等各类奖项20多个，还先后组织醒狮团参加贵州民间醒狮活动、北京文化活动、中央电视台“心连心”艺术团、第六和第八届“北京国际旅游文化节”、上海国际文化艺术节、法国巴黎“中法文化年”、北京首都庆祝建国55周年、挑战“世界吉尼斯”、澳门回归五周年中央电视台《同一首歌》和《祝福澳门》大型活动、澳洲凯恩斯文化节、首届“广东国际旅游文化节”等重大活动展演，充分展示了“中国醒狮之乡”的实力和风貌，提高了该县醒狮的知名度和影响力，为推动醒狮文化产业的发展奠定了坚实的基础。2003年12月该县被中国民协命名为“中国醒狮之乡”，2004年4月被批准成立中国民协醒狮艺术专业委员会。2006年6月2日遂溪醒狮入选首批国家非物质文化遗产名录。这标志着该县醒狮将有机会进入联合国教科文组织的数据库，成为全球性品牌，一些相应的保举措也呼之欲出。

1. 遂溪醒狮艺术的社会文化特色

（1）遂溪醒狮的红土人文精神特色。雷州半岛过去曾是南蛮之地，是发配充军和封建时期官员贬黜的首选之所，既有土著人、流落于此的中原人，也有福建的移民。文人墨客的到来或经过以及大批中原人的南迁给雷州带来了诸多的中原文化，它与本地的客家文化、闽南文化、中原文化、土著文化的交汇形成了雷州半岛特有的文化与艺

遂溪醒狮造型

术风格。又因湛江所属的雷州半岛遍地都是红色土壤，很有地方特色，当地人把出自湛江的文化艺术称之为“红土文化艺术”。因此，遂溪醒狮既融合了南北狮表演之长，又在吸收南北狮精华的基础上创新，表达了生活在这片红土地人民“海纳百川、有容乃大”的人文精神，表现了遂溪人胸怀博大、度量如海、热情好客、勤奋好学的精神风貌。

（2）遂溪醒狮的海洋文化特色。雷州半岛地处富有亚热带风情的我国大陆最南端，南北贯穿厚实的红土，半岛三面临海，如同红色的火龙在海面上腾飞。由于所在的特殊地理位置，在漫长的历史长河中，遂溪人民世世代代生活在大海的怀抱中，耕海为生，与大海结下了不解之缘。

首先是大气。有海一样的胸怀、度量如海。遂溪人有海的儿女的特点：海纳百川有聚集财富、融汇英才之义，又有团结统一之义，体现了雷州历史上陈文玉实现的南越雷州多民族团结精神。

其次是灵气。柔情似水。象征遂溪人民与时俱进勇于学习他人之长，敢于创新。有创新，才有发展，才有属于自己的东西，才能更好地发展。

其三是霸气。雷州自古以多雷而名，雷州是雷祖、雷神、雷王的故里，遂溪人自古敬雷、爱雷、祭雷，这使遂溪人自小形成像雷一样的霸气，做事刚烈直爽。

遂溪醒狮最能表达遂溪人这三气：大气表现在醒狮步法上要求稳、平；灵气表现在醒狮表演时鼓点要灵，要配合舞狮的情绪及动作转换轻、重、缓、急节奏，营造现场气氛，民间舞狮还有一句俗语，“狮要舞得好，鼓点要敲得巧”；霸气体现舞狮神韵与节奏。在这三者之中，犹以“霸气”为尊。遂溪醒狮之“霸气”主要体现于动作威猛灵巧，套路一气呵成，透过狮形道具的舞动可感受到海洋文化的一种气质精神：这是先人战天斗地的刚毅精神，抗御列强的不屈精神，现代人开拓进取的民族精神，让“精神”融入狮舞中，达到“人即狮，狮即人，人狮合一”的境界。

舞狮的神韵

2. 遂溪醒狮发展的原因探悉

（1）遂溪醒狮的“根”立足于农村。

一是农村蕴藏着极其丰富的传统文化资源。我国是一个农业大国，也是个农业古国，民族传统文化的“根”在农村。农民祖祖辈辈在农村广阔的土地里开荒拓壤、耕渔织牧、生衍繁殖，为满足各种各样的需要，创造出谚语、民谣、民歌、民舞、故事、乡规、族谱、礼俗等传统文化，这是我们祖孙经过极其漫长的历史留给我们的文化遗产。地处雷州半岛的遂溪祖祖辈辈在这片红土地上生活，在这过程中创造出丰富多彩、独具特色的红土文化。农村传统文化中既有先进文化也有落后文化，有催人奋进的自强不息精神，也存在着封建迷信、听天由命观念等落后意识，尽管鱼龙混杂，但我们应取其精华、去其糟粕，要善于挖掘历史，尊重过去，面对未来，创造和熔铸出既有丰富历史底蕴又有鲜明时代特色的新文化。遂溪醒狮表演时的鼓点就是沿用来自雷州半岛农村的传统鼓点，在其基础上增、减、换、变，既保持红土文化特色，又合乎现代醒狮表演要求，独具特色又独树一格。

二是遂溪醒狮表演人员和训练场地主要来自于农村。遂溪全县有248个村，而遂溪全县共有民间醒狮团255个，几乎村村都有醒狮，参加表演人员达一万多人，而遂溪醒狮表演后备人员远远大于这个数。由于遂溪县村民自古爱习武和舞狮，每当日暮降临，遂溪村民就会自觉相聚在嗣堂内或大空地里互相交流武术和舞狮，受父母的影响，现遂溪许多小孩从小就练习舞狮。例如，遂溪许屋村高桩醒狮团团员年龄小，平均不满20岁，其表演的高桩双狮自成一家。从上桩到采青，两头小狮子嬉戏打闹，闪展腾挪，憨态可掬，动作既惊险又富于情趣，带给人们别具一格的审美享受。2004年10月，许屋村高桩醒狮队在山西参加中国第六届民间艺术节中凭着自己的惊险套路和出色表演，勇夺全国艺术最高奖“金奖”。同时，遂溪的女性也巾帼不让须眉。遂溪龙湾女子醒狮团是广东省继顺德之后的第二支巾帼醒狮队伍，队员大约有四五十人，都是18～22岁左右的年轻女子。龙湾女子醒狮团在2003年10月由广东省文联、广东省民间文艺家协会在南海举办的广东省首届民间艺术表演大赛上崭露头脚，一举获得比赛银奖和最佳巾帼风采奖。在2004年8月由广东省体育局举办的广东省首届传统武术项目比赛上，龙湾醒狮团又勇夺男、女组成年醒狮二等奖，受到社会各界人士的关注和赞赏。

（2）遂溪醒狮勇于创新。遂溪醒狮原来只是地面表演的，后来经过遂溪人民的创新，利用了雷州半岛的鼓点音乐，发展成为融杂技、动物舞为一体的高桩醒狮，而使遂溪县因此获得“全国醒狮之乡”的称号，并进入了国家非物质文化遗产目录。

（3）遂溪醒狮迎合了市场需要。文化建设有两个环节：一是创作、生产环节。这一环节完全靠作者的创造劳动；二是消费环节。这一环节完全靠大众选择和社会需求。把文化与经济相结合，就要按照市场经济规律、文化规律来办事，要服从经济规律。离开了市场，就离开了观众；离开了经济效益就没有社会效益。遂溪醒狮经过不断创新发展，到现在已拥有男狮、女狮、太狮、幼狮、地狮、高桩狮、单狮、双狮、多狮等，形成了多形式、多门派、多套路的醒狮表演新格局，已经打造成民间醒狮艺术品牌。现在，该县结合开发旅游文化资源之力，将该醒狮艺术推向市场，打造特色文化产业。随着知名度的提高，遂溪醒狮团每年演出900多场，收入达300多万元，逐步走上一条市场化的路子。

（4）遂溪醒狮具有创新特色。

一是内容创新。对旧的形式赋予新的题材和内容，使之与时代生活紧密结合，满足现代观众的文化需求。从表演的人数上看，遂溪醒狮过去只有男狮、单狮发展到现在遂溪醒狮拥有男狮、女狮、太狮、幼狮、单狮、双狮、多狮等，大大增加了表演的人数。从表演的空间上看，从地面向空中的发展。遂溪醒狮原来只有地面狮一种，现拥有高桩醒狮、绳索醒狮等，其中遂溪文车醒狮团的高桩狮飞越3.7米索桩，并成功载入“世界吉尼斯”大全。从表演的器械上看，有小孩表演的小狮，有几个成年男子才能抬起的大狮，更有遂溪文化艺术学校青年教师卢柱豪创作的“夜光狮”。

二是形式创新。这对文化创新特别是对来自农村的文化进行创新非常重要。因为随着人们生活习惯的改变、生活节奏的加快，审美自然起了变化，旧形式已不能满足观众的审美观，因而必须进行创新来符合观众口味，否则就遭淘汰。遂溪醒狮表演形式经过多年的发展不断推陈出新，形成了“险、难、惊、新”的特点，被誉为中华一绝。特别是由传统狮向高桩狮表演形式的创新，传统狮以地上装设的凳、桌、梯和配以盆、桶、箩等物品表演为主，高桩狮则在传统套路上加以发挥提升，在一条长达十多米、高近 3 米的高低错落的桩柱上表演，更显惊险高难，桩阵的高低装置是根据套路、动作、编排、舞狮者的体能、技巧而设计。

三是手段创新。遂溪醒狮的发展遵循“政府倡导、社会支持、农民自办”的原则。近年来，遂溪县各级党委政府和文化部门，充分认识发展民间醒狮艺术对建设社会主义文化的重要作用，坚持“现代文化与传统文化并重，推进文化事业全面发展”的思路，努力弘扬民间传统文化，积极发展民间醒狮艺术，构建独具遂溪特色的民间醒狮文化发展格局。在演出市场导向方面，积极推介，穿针引线，铺路搭桥，多次组织醒狮团参加市、省、国家以及国际性重大表演活动。

（5）遂溪醒狮形成了特色文化品牌产业链。

一是遂溪醒狮形成了“中国醒狮之乡”和“国家非物质文化遗产”的醒狮文化品牌。文车醒狮团自 2000 年创办以来，特别是 2002 年参加湖北省荆门国际舞狮邀请赛获得银奖和创新奖及法国巴黎“中法文化年”等重大表演赛或展演后，被邀请参加国内重大表演每年 200 多场，收入达 40 多万元。许屋醒狮团是创办高桩双狮时间比较长的醒狮团，与上海文化艺术创星有限公司签订为期 10 年在国内外进行商业性演出的合同，每年演出 80 多场，收入达 30 多万元。石盘醒狮团是后起之秀，首创高桩八狮和高杆狮。该团每年演出 70 多场，收入达 50 多万元。梅坡岭醒狮团自2000年创办高桩狮以来，每年演出80多场，收入近40万元，演出市场拓展到四川成都市、福建厦门市、广西柳州市等地。据不完全统计，全县醒狮团每年演出900多场，收入达300多万元。目前，遂溪的醒狮表演活动形成了独具特色的文化产业发展新格局，为发展该县第三产业注入了生机和活力，成为该县经济实现跨越式发展的新的增长点，同时也解决了该县部分青年的就业问题。为保护遂溪醒狮这民间品牌，为防范这知名品牌被人抢注，遂溪县政府已注册“醒狮之乡”。

湛江遂溪——“中国醒狮之乡”

二是围绕醒狮文化品牌形成了相关产业链。遂溪创办醒狮表演用具加工厂，制作狮头、狮服、鼓、锣、钱等表演道具，其造型美观，质量上乘，价格适宜，销往雷州、广西、海南等地，每年收入近5万元，取得较好的社会效益和经济效益。遂溪县文化艺术学校就是醒狮艺术专业的培训基地，每年为社会培训大量专业人才。遂溪县旅游局开设了“中国醒狮之乡”一日游，充分利用遂溪醒狮这一品牌和自然乡村、历史文物结合起来，使游客欣赏精彩醒狮表演的同时又能观赏田野风光和历史文物，又能品尝可口的海鲜大餐，游客对“中国醒狮之乡”一日游赞叹不已，尤其是对醒狮表演给予了高度评价，取得很好的社会和经济效益。

（6）遂溪醒狮文化体现了建设和谐社会的价值。遂溪醒狮的“根”立足于农村，对建设和谐社会特别是建设和谐社会主义新农村起着重要作用。

一是醒狮文化影响和改变了农民的传统小农意识。农村传统节日，如春节、元宵节、中秋节等，都会有村民自发的醒狮表演，这不但活跃了农村文化生活，增多与外界社会的交流，又带动了农村文化经济的发展，改变农民的思想意识，促进了农村社会的和谐。遂溪县的文车村和许屋村两村历史积怨很深，素有“老死不相往来”之称，然而这两村都有“舞狮”的文化传统，通过切磋“狮艺”，化干戈为玉帛，成为美谈。

二是醒狮具有健身和娱乐价值。农村地处偏僻，许多村民自古以来都有习武习惯，舞狮常常是许多村民唯一健身和娱乐的体育项目。舞狮是一种集武术、舞蹈、音乐等综合因素的体育项目，舞狮表演时常常是两人或多人的集体表演项目，这对表演者的身心都有锻炼，同时他们的表演可牵动台下、场外观众的心，对于场外观赏者也不失为一种健康休闲、调节身心的方式，形成一种自然和谐境界。

三是醒狮表演增加了农民经济收入。目前遂溪醒狮产业链正初步形成：从服装、道具、舞台搭建、表演到醒狮文化族游，这样不仅丰富当地农民群众精神文化生活享受，也使农民群众获得更多的经常效益，从而有力推动农村文化事业和文化产业的融洽互动，形成良性循环和健康发展，促进社会的和谐。

遂溪醒狮蕴涵着我们民族特有的精神价值、思维方式、想象力和文化意识，在经济全球化和社会现代化步伐不断加快的今天，在我国非物质文化遗产的生存、保护、发展遇到了诸多新问题和许多优秀非物质文化遗产面临失传危险的情况下，作为一种我国非物质文化遗产的遂溪醒狮能发展到今天，并形成一定的规模和自身独有的成功运作模式，其成功之道不但对其他非物质文化遗产的生存、保护、发展有着很好的借鉴作用，同时也给我国传统体育的发展和传统体育与新农村建设相结合提供了一个范例。

（四）雷州歌的艺术特质①

雷歌，亦称“雷州歌”，是“雷州民歌”的简称。其传统区域位于雷州半岛，地处祖国大陆最南端，三面环海，民风淳朴。雷州歌 2008 年 2 月被批准为“国家级非物质文化遗产保护项目”，是广东省四大民歌之一，并被前人称为雷州半岛历史民俗文化的“活化石”，也是 400 多万雷语民众的至爱。雷州歌是我国众多民歌中的一种，系雷州方言民歌，源自雷州半岛民谣。雷歌历史悠久，是劳动人民艰苦卓越创造的结晶，也是抒发内心情感的必然产物。

1. 早期的雷歌相对自由

早期雷歌属于口头创作，见景生情，就事吟唱。当然，在这个过程中有特定的模式和规律可循。其最大特征是：以雷州话方言为演唱母语，以表达老百姓的真实情感贯穿始终。在诗词上结构严谨，平仄协调，韵律优美且有规律。每首雷歌四句组成，每句七字（可加歌垫，但不能影响原词韵律），四、三分顿。一、二、四句末字押雷话音韵，第三句不用韵。二、四句的第四字是阳平声。在音乐上，由于有平仄的模式要求和唱词的格律框架，慢慢形成音乐的基本乐汇。有了这种特定音型，创作者就可以自由发挥。当然，万变不离其宗。雷歌的特定音乐形象逐渐形成，进而家喻户晓。

---

① 本文主要引用刘福瑞的研究成果：雷州歌的艺术特质，该成果发表于《艺术评论》2014 年第 10 期。

早期雷歌

2. 雷州歌的时代变迁

古雷州是汉、黎、苗、瑶、侗等多族杂居之地，被视为“南蛮”之地，成为唐、宋贬官谪迁、罪犯流放之地。由于政治、经济、文化、人文环境等各个方面都相对落后，语言、人际交流复杂，老百姓唯一便于交流的，能够释放喜、怒、哀、乐心情的方式就是唱歌。据史料记载，“宋明宁开禧元年（公元1205年）进士、雷州学教授李仲光撰写的《重修御书楼上梁文》中，有‘听取欢谣，敢陈善颂’之句。此‘欢谣’二字，当指欢乐的民谣，由此可见，宋代雷州已有民谣。”雷歌至少起源于宋代，经过古雷州人民的不断发展、演绎，雷谣由“念”演变为“唱”。雷谣不断演变，它的格律逐步形成、完善，约在明朝形成雷州民谣。自明代形成雷州民谣，又经过200年的演进，约在清代康熙之世（1664—1723年）形成了“姑娘歌”（为两人对唱，边唱边舞的即兴创作形式，或女和女或女和男，女执一扇一巾，以女为主的演唱形式）；约在雍、乾年间（1723—1736 年）形成了“劝世歌”就事论事，演唱内容通俗易懂，教育他人弃恶从善）；约在乾隆末年（1786—1795 年）定型成为具有戏曲形式的雷州歌剧“班本歌”，其内容、情节、结构上都复杂许多，具有戏剧性的演唱雏形。经过几百万雷语人民的再创造，形成了比较成熟的雷歌与雷剧。

雷州歌剧“班本歌”

（1）雷州歌的歌体变迁。虽然古雷谣起源的确切时间已无可考证，但随着雷州文化的起源，古雷谣也随之诞生了，这样的推论还是符合逻辑的。雷州半岛人民把自己的劳动生产和日常生活经验，融入自己的思想感情，经过提炼加工，以歌唱的形式来传达自我情感，雷歌便从无到有，从简单到复杂，从没有句格到有章可循，有体可依，从而形成了雷州半岛独有的雷歌文化。雷州歌体大致分三个阶段：一是谚谣阶段。谚谣是雷歌产生的基础，是劳动人民生产生活的需要，是人与人之间交流和抒发情感的需要。谚谣以诵为主，以吟为辅，所以在字句划分上和格律上没有明确的规定和要求。有三字、四字、五字，三句、五句、七句不等。如“六月秋，犁耙慢慢游；七月秋，犁耙急速收”。二是歌谣阶段。歌谣相对谚谣就大有进步，它不仅能颂能吟还能唱，其内容更加广泛，字句也逐渐有了一定的要求和限制，特别是有了韵脚的要求，这样就可以用吟唱的方式表达自己的情感。三是雷歌阶段。雷歌是今体的雷州歌，定型在一、二、四句末字押雷话音韵，第三句不用韵。二、四句的第四字是阳平声等基本格式上，这种定型深受雷州半岛人民的喜爱。歌体虽然定型，但老百姓聪明智慧还在发扬光大。今体的雷歌在原歌体不变的前提下，表现形式也是多种多样的，如有口头即兴歌、对唱歌、情义歌、榜歌等，极大地丰富了半岛人民的文化生活。

（2）雷州歌的唱腔变迁。但凡是歌就有词、有曲；但凡有歌就有唱；但凡有唱就有腔。雷歌有千百年的历史，在雷州半岛生生不息，世代相传。在群众中广为流传，经久不衰，他们在用自己的歌声或说理、或叙事、或讥讽、或乞讨，来表达自己的喜、怒、哀、乐。后来，除自娱自乐外，或获得他人喝彩、或获得同情、或获得施舍。审美要求的悄然改进，也促使唱腔发生了变化。雷歌唱腔大致分三个阶段：一是歌谣唱腔。歌谣唱腔属于原始唱法，男女老少均可吟唱，没有模式套路，只要能真实地表达自己的思想感情就唱。因为是吟唱为主，所以曲调简单，音域窄小，个人发挥的空间就相对大一些。同是一首歌，不同的人吟唱，可能节奏、唱法、高低、情感表达都会不一样。二是“对唱腔”。对唱腔是两人相互对唱时所形成的一种唱腔，它比歌谣腔就复杂多了。两个人在没有相互商量的同时要完成同一个平仄、格律、韵腔其难度就可想而知。因为是边编边唱的即兴创作，所以在节奏上音域上都有了很大的提高。在两人对唱时（偶尔会有第三者帮一句），除第一句有所准备外，后面几句即兴演唱就会出现加衬字、延长时值、改变节奏型、拖腔等手段来达到符合韵律的即兴创作。三是歌剧唱腔。雷州歌剧唱腔没有本质改变，由于社会、经济、文化、生活环境得到了改善，意

雷州歌的唱腔

识形态得到了改进，雷歌演唱的人物增多、思想情感复杂、表现内容戏剧性增强，所以需要打破传统的格律表现形式。发展起来的雷州歌剧唱腔表现的内容更加宽泛，表现的个性化人物更加具体，表现的矛盾戏剧性更加突出。它的观赏性更强，为后来的雷剧奠定基础。

3. 雷歌的表现手法

雷歌是雷州人民的精神支柱，是劳动者的智慧结晶。从古至今人们要通过雷歌表现自己的生产、生活、社会、家庭、心情等各个方面。渐渐地，大家也觉得单一的表现手法总是不能满足多样化的意愿，需要不断充实、完善，不断吸收其他文化的经验，进而借鉴古代诗词的表现手法，总结出了以赋、比、兴、双关、重叠、映衬、夸张等多种表现手法为基调的雷歌特有的内容与形式。如“赋”的形式，是雷歌创作者经常和主要的表现手法。对事物直接抒发感情，平铺直叙，不隐喻，直言不讳地表达自己的感受。如意译的雷歌“三四八月鱼讯过，郎也愁来我也愁；船飘过海无留迹，去啰去啦捕鲸船。”句与句之间既独立又有关联，事件一目了然，让人立刻体会作者此时此刻的心情。“比”也是常见的雷歌表现手法。“比”就是比方，以彼物比此物，即歌里不直接表达自己的感受，而是通过另一物比喻原事物的人和事。如“小罐煲饭屈坏米，小夫原来屈坏妻……”以小罐比小夫，此比喻得体自如，老百姓一听就能感受到自己熟悉的生活场景。”兴”先言他物以引起所吟之词，即写这件人和事引出下一件人和事，也有“兴”中含“比”的手法，以达到事物的层次清楚、形象鲜明的艺术效果。

雷歌的表现手法

4. 雷歌的音乐特征

雷歌是用属闽南语系的雷州话来唱的民歌，其特征是由雷歌唱词的格律所决定，从谚谣以诵为主到歌谣能诵能吟还能唱，定型在一、二、四句末字押雷话音韵，第三句不用韵。二、四句的第四字是阳平声等基本格式上形成了雷歌特有“声调”和“调值”。因为雷州话有六个声调(原八个声调合并而成)，阴平、阳平、阴上、阳上、阴去、阳去，所以它的旋律丰富多彩。根据雷话声调的高低起伏慢慢构成了最初结构不够完整的一段体的曲调。经过劳动人民的再创造，最后形成了旋律进行稳定、主音突出的特点。它们主要是以 la 为主音的羽调式和以 re 为主音的商调式。这恰好吻合中国五声调式的羽调式和商调式的曲式结构特征。雷歌的旋律与歌词是相互依存的关系，旋律的主音要落在歌词的阳平声字上，所以歌词的第二句和第四句落音基本都是主音（阳平声），这样相对固定的旋律就形成了。由于古雷州属罪犯流放、贬官谪遣之地，抑郁、压抑的“流放文化”给雷歌的旋律注入了低沉的基调，总体是音域狭窄，曲调下行小调偏多，情绪表现低沉的偏多。现今的雷歌以及后来发展的雷剧音乐，善于表现老百姓丰富多彩的生活、劳动、爱情等，其表现手法也日益丰富多彩。

5. 雷歌的调式结构

雷歌是歌，是歌就有唱，有唱就有调式结构。雷歌从当初的节奏自由、调式单一、音域狭窄慢慢发展成为固有的旋律框架，形成了自己的音型特征和旋律发展规律。雷歌调式多以中国五声调式的羽（la）调式和商（re）调式为主音居多。这种调式的形成与古雷州老百姓艰苦生活的环境，恶劣的自然条件息息相关，也反映了当时人们心情压抑，衍生出忧郁的小调旋律。雷歌是雷州人民的精神财富，是湛江的一大特色文化，其悠久的历史与鲜明的特色使其具有了超越时空的意义。但是，由于种种原因，如今一些地方显现出萎缩的景观，创作、演唱人才匮乏。

作为文艺工作者，我们有义务有责任传承、保护、发展之，把伴随着我们祖祖辈辈成长繁衍的精神财富保留下来。

（五）雷剧表演艺术的审美特征 ①

广东雷剧表演艺术的美学风致呈现着自己的独特性，语言与唱腔是雷剧区别于其他剧种的标志。然而，除了唱腔，广东雷剧表演艺术的形成和存在、发展，如同其他剧种一样，建立在自己的文化背景和土壤上，接受它的观众也站在相同的文化背景和土壤上。正是这两方面的合力，使广东雷剧在形成之后，逐渐积累并呈现出表演艺术的美学特色，即："真"、"雅"、"俗"、"韵"。

雷剧的表演艺术

1. "真"

艺术是生活的反映，因而能否反映得真实，就成为艺术品能否给人

① 本文主要引用甘咏梅的研究成果：广东雷剧表演艺术的审美特征，该成果发表于《艺术评论》2015 年第 3 期。

以美感的重要决定因素。雷剧的表演的“真”由特定文化土壤所决定。雷剧是在广东雷州半岛这一红土地孕育出的具有地方特色的歌戏。从艺术渊源看，它以敬祭雷神摊舞的歌与舞为发展基础；它的生存土壤是雷州半岛的人民，观众是雷州半岛的老百姓和文人学子。雷剧艺人们在表演上既有生活的原型动作，又有戏曲的程式性动作。能够让观众喝彩的不仅是雷剧的表演体现了对生活真实细节的再现，而且雷剧的表演还借鉴了其他舞蹈动作手法，容纳了很多其他剧种表演之特长，表演丰富多彩，引人入胜。雷剧表演艺人一方面求援于现实生活，细心去观察、模拟生活中的动作，将虚拟的表演搬上舞台；一方面不断加强扎实的“唱、念、做、打”基本功训练，使观众既能如实感受到真实可信的生活原型动作，又能观看到优雅与精彩的戏曲程式动作。久而久之，也培养起观众对雷剧表演艺术“求真”的审美眼光。雷剧表演艺术的“真”的特色辐射为两个层面：第一层面是对人物性格、思想感情的真实表现；第二层面是对生活细节的真实再现。两个层面的组合，完成了雷剧表演艺术“真”的美学特色建构。

2. “雅”

雷剧的“雅”源于雷州人民对雷州文化的热爱与雷歌、雷剧的文人学士传承。雷剧虽是民间戏曲，却格调清新，虽俗而雅，上句甜下句香，意味深长。雷州的文人学子用通俗易懂的方言编唱雷剧，不但唱出自己的心声，也使雷剧发挥积极地社会教化作用。清乾隆五十四年科举人黄清雅，才思敏捷，擅唱雷歌，歌词含蓄双关，出语惊人，被誉为“歌解元”。黄清雅编唱的雷歌《过渡歌》，表现出敢于与恶势力抗争的铮铮铁骨。雷州的文人学士钟爱雷歌雷剧，对雷歌雷剧有很高的创作热情，把雷歌雷剧创作推向新的高潮。这样一来既提高了雷剧的地位，也促进了雷剧向“雅”的方向发展。

3. “俗”

“俗”，不是庸俗，而是通俗，是对普通的下层观众的贴近。“俗”的表演特色首先源于雷剧产生的文化土壤以及由此形成的剧本规定性。雷剧是以雷州半岛人民在生产生活中发生的事情为反映的主要内容的，当演员以“真”为原则，将生活中的人物角色所想、所说、所做表演给观众时，其“俗”的色彩就更为浓厚。例如：著名雷剧表演艺术家曾成在《抓阄村长》中强化“俗”的表演范式赢得了观众的掌声，“俗”的特色更多地表现在念白的地方特色上。它又呈现为两个层面：第一层面是念白的本土语音。雷话有 17 个声母，47 个韵母，8 个声调，具有独特的语音、词汇、语法规范。雷州话比较完整地保留中古汉语平上去入各分阴阳的调类格局，是保留古汉语入声较为完整的语言，对于

演唱及研究中国古诗词等文学作品，起着重要的作用。另外，在普通话中有一个唇齿音 f [f]，雷州话中没有这个音。所以雷州人容易将普通话中的 [f] 音字误读成雷州话的 [h] 音，如将“符老师好”读成“胡老师好”。在一些生活小戏的表演中演员若注意加以运用，这些都起着强化地方特色的效果。地方语音的剧场效果固然使观众“发笑”，但深入一步看，是使剧中人物贴近生活，贴近了观众的审美心理，不仅使他们感到亲切，也令他们感到舞台上的人物就是自己生活中形形色色人等中的一个，从而“发笑”，从而看得津津有味。第二个层面是演员按照语音规则与剧本生活内容的念白处理加上衬词等，将地方特色予以强化。雷剧唱腔中经常有一些衬词“呃、呀、哦、咧、哇、喽”等。如：开始的时候用“啊、嘞”两个衬字来和对方搭腔，接下来用“呃、呀”两个衬字来延长搭腔的时间，好有充分的时间去酝酿下句的词，在第四句收韵前再加一个“啦”衬词谨慎收韵。所用的衬词不限于弱

拍、轻音，有很多地方用在强拍、重音上。雷歌中衬词的应用，不但可以突出歌曲的民族风格和地方特色，同时对渲染歌曲气氛，活跃歌者情绪，加强歌唱语气，烘托歌声旋律等方面，都起着十分重要的作用。

4. “韵”

雷剧是从雷州民谣中演变过来的，融会了楚风、汉赋、唐诗、宋词的精华，尤其是唐诗七言绝句格律，被雷谣所接受。雷剧不要求严谨，较为自由轻松，朗朗舒缓，带有浓郁的民俗生活气息，保留了雷州方言的声调韵律。雷州歌是有韵律的，它按雷州方言押韵，称歌韵，俗称韵脚。歌词以四句为一首，第一句押仄声韵，第二句押高平声韵，第三句不押韵，第四句押低平声韵，故有一二四韵分类法。大致的韵脚有：望江南韵、庆生平韵、喜天年韵、梦中逢韵等二十四种韵脚，还有一些近音韵脚等等。从雷州歌演变为雷剧后，其唱词的格律也有所变化，一是加了“歌垫”，也就是每句的句首可加二三个字，从七字句变成了十字句，三、四、三分顿。二是增加“歌藤”，在第二句之后也就是按第三句的句格多写一句或几句，然后按照第四句的句格写最后一句。由此可见，雷州歌韵的丰富，用一个歌韵编唱一首雷歌容易，但用一个歌韵编写一部雷剧就是不简单的事了，这正是雷歌韵的独特价值所在。综上所述，广东雷剧表演艺术的美学特色大致为“真、雅、俗、韵”。这四个字在雷剧表演中又是融为一体不可分割的，共源于艺术的基本规律和文化的规定性：“真”是底蕴，是核心，“雅、俗、韵”则由此延伸。

（六）“人龙舞”的美学向度①

源自广东省湛江市东海岛开发区的东山镇，堪称“东海一绝”的湛江“人龙舞”，自 2006 年经国务院公布为“首批非物质文化遗产·

① 本文主要引用洪艳的研究成果：湛江“人龙舞”的美学向度，该成果发表于《内蒙古大学艺术学院学报》，2017 年第 1 期。

民间舞蹈项目”以来，备受瞩目，并在表演形式上不断推陈出新。湛江“人龙舞”作为民间舞龙文化的一种极为特殊的形态，2013 年更是获得了中国民间文艺最高奖“山花奖”的殊荣。研究湛江“人龙舞”的起源、表演形式及其文化特质探寻其深涵的美学意味，溯源分析湛江“人龙舞”图腾原型的意象之美，洞见其中原文化遗风中集体记忆的美学维度，以揭示其天人合一的空间构成之美。

1. 图腾原型的意象之美

“原型（Archetype）是人类原始经验的集结，它们像命运一样伴随着我们每一个人，其影响可以在我们个人的生活中被感觉到。”在荣格的分析心理学理论中，原型往往以象征性的形式出现。湛江“人龙舞”以人作为媒介组合表演取“龙”之象，“意”在表达湛江祖祖辈辈人内心无尽的期盼和团结之精神。湛江人民对于“龙”文化的崇敬，我们可以从“人龙舞”的表演形式上窥见此一斑。

湛江“人龙舞”独特的表演形式自古可考：“载龙舞，舞龙艺人为龙头，后未龙尾，次一人，举手抱前者腿夹后者挨次递抬向街直走，则念曰：骑龙头，龙头落下水；骑龙尾，龙尾竖上天。”结合今天的表演程式看，湛江“人龙舞”独特之处在于，它不需要借助于特殊而繁复

湛江人龙舞——表演前的准备

的道具与媒介，仅由精壮汉子和儿童按照一定的次序严正排列，并将人作为连接的媒介构成“龙”形。这由几十或上百人组成的“人龙”分为“龙头”、“龙身”、“龙尾”3 部分。“龙头”在表演过程中至为重要，“龙头”的饰演者必是百里挑一的精壮好汉，身强力大外，表演技巧还必须娴熟；这个人除了双手握住两个盾牌，同时还须身负三个孩童分饰“龙舌”、“龙角”、“龙眼”。若演出在晚上进行，饰演“龙眼”的孩童还需双手各持一灯笼，随着龙身的舞动而炯炯生光。“龙身”作为龙的主体，由大人和小孩组成，每个大人肩上负着做俯仰动作的小孩，小孩则成为“龙身”分节的柔韧链接。“龙尾”也是由一名精壮的大人肩负一个孩童合二为一而成。“人龙”起舞时，锣鼓队中的螺号手会面对大海吹响硕大的海螺，“人龙”便借着随起的锣、鼓节奏腾挪舞动，起舞伊始，饰演“龙眼”的孩童会将灯笼高举以示“龙眼”生光告示龙舞表演的开始。接着，“龙身”会呈现左盘右旋、上下起伏的状态，跟随着“龙头”蜿蜒前进，“龙尾”也会随着“龙身”的态势而柔韧摆动。这就构成了湛江“人龙舞”整个表演形态。随着多年来，湛江人致力于对“人龙舞”的结构、舞步、姿态、乐风、节奏等方面的挖掘、整理和改造，形成了“起龙、龙点头、龙穿云、龙卷浪”等表演程式。又因表演时参与人员一般由五六十人组成，有时甚至多达数百人，表演场所自然选择在广阔的海滩上进行，海天一色中能让观赏者直接感受到一种人化为龙、龙舞传神气势恢宏的绝美境界。湛江“人龙舞”以人的身体为媒介取“龙”之意象跃舞海滨，这“龙”之意象实际上正反映出湛江人由来已久的图腾崇拜之一——“龙”，可以说湛江“人龙舞”应是这一中国传统图腾崇拜最珍贵的文化表征。“图腾”一词最早源自印第安语“Totem”，是原始人类对自然的崇拜和疑惑的产物。湛江地处雷州半岛，濒临大海，天上地下的各种自然变化都会带来福祉和灾祸，湛江古代先民对于大海的凶险诚然充满了无限崇拜、疑惑和恐惧，以“龙”作为图腾自然天成。湛江人将“龙”这一极具向心力的图腾崇拜融合到“人龙舞”中其内涵的深厚性不言自明，而湛江“人龙舞”在几经历史研磨和文化沉淀中形成的表演程式，如：“起龙”、“龙点头”、“龙穿云”、“龙卷浪”、“沉海问宝”、“蛟龙出海”、“龙王戏珠”等等，简直就是汉代许慎在《说文解字》中对于“龙”阐释的一种现实活化，许慎这样描述“龙”的特点：“龙，鳞虫之长，能幽能明，能细能巨，能短能长，春风而登天，秋分而潜渊。”这说明了“龙”作为鳞甲类动物的首领，变幻多端，因时作息；湛江“人龙舞”的表演不仅取其变化多端之矫健身形，还取其登天潜渊之磅礴动势。

2. 集体记忆的沉郁之美

集体记忆（Collective Memory）由法国社会学家莫里斯·哈布瓦赫（Marice Halbwachs）在《论集体记忆》一书中首次提出，他认为“集体记忆”是一个群体的内部成员对过去的共同记忆，内部成员是基于亲属关系、阶级或宗教联系在一起。所谓“集体记忆”是各种各样的集体所保存的记忆，它是关于一个集体过去全部认识（实物的、实践的、知识的、情感的等）的总和，人们可以在文化实践活动（比如仪式、风俗、纪念、节日等）或物质形式的实在（比如博物馆、纪念碑、

湛江人龙舞——龙尾扮相

文献图书资料等）中找到集体记忆的存在，可以在我群体与他群体的互动中感知到集体记忆。湛江“人龙舞”正是集体记忆所呈现出的一种富有深层价值取向和审美意味的重要艺术形式。据继承湛江“人龙舞”的老人们回忆，并结合相关史实研究分析，湛江“人龙舞”起源自明末清初，于清乾隆、嘉庆年间盛行，关于它的来源有两种较为重要的版本：一种说法是源于当地人逢年过节有看大戏、逛圩街的习俗，大人常常会把小孩儿放在肩头以便照看，小孩儿在大人脖子上跨坐，手拿零食或各色玩具陪着大人看戏或赶圩。岛民们农闲时据此习惯自创了一种娱乐方式，即大人将自家一小孩儿扛在肩上，于康王庙前斗力斗智，以谁先把对方拉落地为胜出者，后经文化名士点拨将此闲时娱乐取“龙”之意象，发展成今天的“人龙舞”。另一说法则是，明朝末期，明军被清军打败撤退到雷州半岛和东海岛，福王朱由嵩准备南下海南岛建立反清复明基地，在路经东海岛东山镇时逢中秋，当地乡绅为鼓舞明军士气特意将流传于孩童中的杂耍组织起来表演，从而形成了“人龙舞”的雏形。此后，这样的表演程式便流传开来，至清乾嘉时达到鼎盛。

湛江人龙舞——早期龙头扮相

乾隆十年（1745 年），武秀才考科开考，以“人龙舞”为武秀才的开考庆贺。由于参加人数较多喜庆气氛浓厚，“人龙舞”在不断发展演化中逐渐成为一种“庆盛世、迎丰收、娱佳节、乐民众”的民间文娱活动。每年正月初一至十五期间的“龙灯节”、二月二的“春龙节”举行的迎龙、舞龙等活动；八月中秋节，“人龙舞”会连续演出三晚，场面热闹非凡，年复一年而约俗成“人龙舞”至今。据考证，湛江“人龙舞”作为一种特殊的地域风俗文化选择这样的表演时间并非偶发，而是湛江民间自发遗留下来的中原文化传统，亦可以说是一种独特的集体记忆。关于湛江“人龙舞”的真实起源我们无法完全复原历史原貌，但因历代迁徙至雷州半岛的中原移民以及他们继承和保留的文化促成了今天的“人龙舞”和其丰富的精神期盼，却实实在在存在于湛江人的心中，这可以说是集体记忆的文化呈现。

雷州半岛地理自然条件的恶劣常为封建时期朝廷流放贬黜官员的首选之地。这些流放或南迁的文人墨客多致力于传播中原文化，使雷州半岛获得了中原文化的熏染，自然就包括“龙”文化。湛江“人龙舞”

湛江人龙舞——早期表演图景

以“龙”作为图腾，这一图腾是在受到固有的共同心理原型的影响下产生的，这固有的共同心理原型自然来源于中原文化，也便构成了湛江人集体记忆的基础。这种集体记忆是通过湛江祖祖辈辈人对“人龙舞”的继承沉淀而来，是由其选择的“龙”之图腾原型并进化为人与龙合一这种现存的艺术形式所构成，“人龙舞”自然被赋予了祈福、祭海等文化心理内容并以独特的形式表现出来。因而，我们有理由相信湛江“人龙舞”必定是历代湛江人对于雷州本土文化和南迁先辈所带来的中原文化的一种敬仰和保留，也应是他们对于中原的深沉思念和寻求归属感的强烈愿望的映射。

3. 天人合一的和谐之美

“天人合一”是中国传统文化中的一个永恒主题，更是传统儒道思想的理论内核。无论儒家的“以人为本”，还是道家的“回归自然”，“天”与“人”是不相分离的。湛江“人龙舞”在表演上的要求与此是完全契合的。基于此，我们可以从自然和人文角度结合“天人合一”

湛江人龙舞——龙身连接

的思想品味湛江“人龙舞”的美学意味之所在。

湛江东临南海，西靠北部湾，南出太平洋，海岸线长达 1556 千米，占全国海岸线的 10%。历史上居民以传统的出海打鱼和种植旱地作物为生，当地人有“雕题、缓耳”及崇拜水族龙的习俗。三面环海的湛江潮灾频繁，百姓自然希望能通过主管水族的龙以平息水患。因此湛江“人龙舞”在始创之初便有镇水妖、除水患、保丰收之目的，反映了当地居民的生活和驱邪镇魔、保障耕海丰收的愿望。这也是中原“龙图腾”与当地龙崇拜完美结合的体现。而产生于明末清初的湛江“人龙舞”正是我国海上丝绸之路正值繁荣期，湛江“人龙舞”产生于海岛，表演于海边，体现了传统意念中的“龙”是海洋的主宰，“龙”的活动世界是广阔的大海，“龙”的故乡在海岛的传说；同时更体现出湛江人希望龙行天下、龙归大海的深层精神意义。所以，湛江先人们在认同中原文化的同时，更是结合自身的地理条件、粗犷质朴的性格特征将“龙文化”扩展成为独具特色的认知，从而形成了“人龙舞”。

龙文化体现出中华民族团结合力的精神内涵。湛江“人龙舞”在排演时以人的身体为重要媒介，形成“人是龙，龙是人”的表演意念；

湛江人龙舞——海滩演出

由于没有多余器物可以借助，要求舞龙者之间必须要具备高度密切配合的团体协作的群体意识，需要众人之合力和强大的向心力才能完成，这样复杂的表演形式，是在条件艰苦的海边得以形成、存在和发展的重要原因。同时，湛江“人龙舞”无论在产生还是其发展中都能体现出一种凝聚群众力量、唤起集体认同感的特质。表演者通过鼓乐的节奏将舞步、身体姿态完美融合，在亦动亦静的造型中将身体的力度、幅度、速度、耐力糅合舞龙技巧形成整套的表演。传统的“人龙舞”表演程序为“请龙”、“出龙”、“舞龙”、“送龙”，在经过不断进化改造后，今天的湛江“人龙舞”在遇到重大节庆时还会在表演前加上古代祭海仪式的内容，包括“拜天、拜地、拜四方、拜海神、读祭文”等环节以凸显神秘和庄重。如此看来湛江“人龙舞”反映了湛江人民原始的神灵膜拜，唯求诸神能“佑我千古”的心理，以及最初的天人合一、征服自然、身份认同的古朴思想。对于观赏者而言，这样的表演形式无不是一种愉悦身心、唤醒灵魂的娱乐方式。

综上所述，湛江“人龙舞”作为保存至今三百多年的民间风俗是对传统图腾原型——“龙”的一种极好保留和发展，作为湛江人集体记忆的文化胎记，并非以空洞的形式存在，而是作为绝美的舞蹈形式——湛江“人龙舞”以一种身体习惯、一种民间信仰和地域风情，展示着无穷的美学意蕴与价值。

（七）湛江傩舞面具文化及其艺术之美①

在中华艺术发展中，傩舞艺术是见证中华文化历史发展不可磨灭的印记，而作为中国民间艺术中最具代表性的文化符号——粤西傩面具，它以其威严古朴的造型、绚丽斑斓的色彩、跋扈狰狞的面孔和激情涌动的精神力量，给每个看到过傩舞表演艺术形式的人，在头脑中都会对傩舞面具产生深刻的映像，傩舞面具在傩舞表演过程中承担重要的艺术媒介的作用，体现了傩舞艺术的丰富古朴的艺术内涵，是体现傩舞艺术审美价值的重要物证。富有浓郁地方特色的湛江雷州半岛地区的傩舞面具，其古朴粗犷、严厉狰狞、诙谐幽默的造型，凝聚了粤西世代相袭的民风民俗，浓缩了粤西人民的历史传说和人生信仰。

1. 湛江傩舞面具的文化探略

（1）湛江傩舞面具文化概述。湛江傩舞得以批准列入国家级第二批非物质文化遗产名录。这得益于2008年之前湛江的傩舞艺术研究者们倾注20多年的心血。在庞德宣等学者们前期研究中指出：湛江傩舞同样是中国古代农耕社会的一种原始宗教信仰的产物，是驱邪逐疫、禳灾纳吉的一种历史悠久的神秘仪式，是指导人们思想言行的一种‘意识型态’。傩舞是古代盛行的一种以‘驱鬼逐疫’为目的的祭祀仪式，宗教祭祀舞蹈统称为傩舞。从湛江市文化局获悉：吴川、雷州（海康）、徐闻、遂溪、廉江、坡头、麻章等地共发现45个民俗民间舞蹈，经挖掘整理，最终确认‘广东有傩，傩在湛江’。在这一重大文化事件

① 本文主要引用杨文霞的研究成果：湛江傩舞面具文化及其艺术之美探析。

中选定吴川的“舞二真”、“舞六将”，湛江市麻章区的“考兵”，雷州的“走清将”，徐闻的“屯兵”，作为湛江地区傩舞艺术最典型的傩舞表演形态，其面具形态的研究和文化价值探索还有待深入，只有理解，了解它的艺术文化特性，才能获得文化认同，而文化认同和文化的自我认知才会带来艺术生命形态的重生。

国家非物质文化遗产——湛江傩舞

研究湛江傩舞艺术，从傩舞艺术面具的发现开始，最初让研究者们惊喜惊奇不已的就是傩舞面具，在吴川市大岸村，湛江傩舞面具是神秘的、不可公开的。村里的百年来“二真”傩舞面具才得以与世人见面。在吴川市博铺镇，当地老艺人陈锦全、龚跃庆等六位老艺人穿上服装，手执道具（兵器）表演了完整的套路。“舞六将”艺术表演过程中的六大元帅都各有兵器，舞法风格各异，代表性很强，尤其更具特色的是每位人物出场时都要先做一次“踏三戈”再表演内容，这在傩舞的表现形式上也是独具一格的。

麻章区旧县村“考兵”有车、麦、李、刘、洪、土地公和土地婆七个面具，其颜色艳丽，造型古朴，人物可爱而逼真、唯一的女性形象土地婆，其神态灵动、表情幽默、笑容可掬与其他严肃狰狞的面孔形成鲜明对比，让人轻松自在了不少。每年的正月十五年庆或重大节日，这些迥异的傩舞面具才会和观众见面 ，平时被珍藏起来。“走清将” 出现在雷州市松竹镇东角村、南兴镇的东市村、下田村和雷城东门村等地，他们的面具各不相同，各有特色。

（2）湛江傩舞面具的文化特征。

一是湛江傩舞面具的原始宗教文化特性。傩面具是原始宗教的产物，它与原始宗教文化是一脉相承的，原始宗教文化是原始人站在自然之上，企图用宗教的手段来迫使自然服从人的主观意识的一种产物。他们认为只要戴上傩面具，就会被蒙上一层浓厚的祭祀色彩，就能获得一种超自然的神力，能托神灵之口、教诲或规劝世人，实现人们冲傩还愿的目的。

湛江傩舞面具的原始宗教文化特性

二是湛江傩舞面具体现多神崇拜与“万物有灵” 观念。在古代，原始先民对自然力的恐怖与崇拜造就了“多神崇拜” 与“万物有灵” 的观念。在当时，人们不知道该干什么，无法解释自己与社会，他人和自然界的关系，他们没有方向感，对前途一片迷茫，无法应对身边发生的灾难，从而导致了世界观和人生观的无序。傩舞正是他们对自己的生

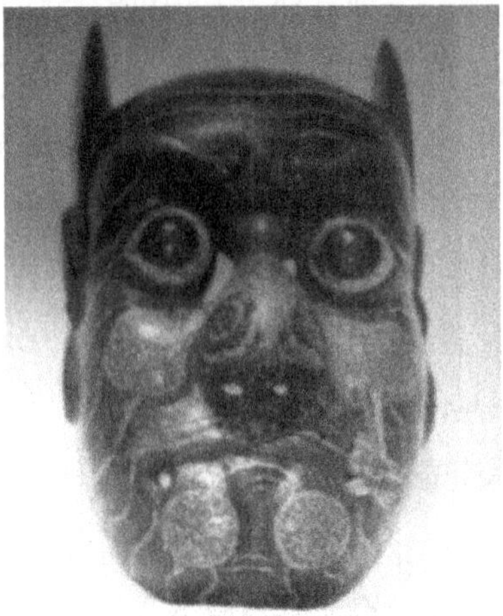

“走清将”五将之四邓拱宸

死无法理解而产生的鬼神观念的产物。

三是湛江傩舞体现“惩恶扬善”的道德理念。“惩恶扬善”是和谐社会、圆满生命的最高理想，粤西傩舞、傩戏中的文化英雄、屈死的亡灵或神祇身上，散发着惩恶扬善的光辉，他们以德报德、以怨报怨的朴素道德心态，充分体现着人类早期思维中质朴无华、本真诚恳、纯白无二的心理取向、道德判断和思维境界。”粤西傩面具的善恶区分十分明确，例如湘西傩戏中的孟姜女、包公、薛仁贵等代表正义的化身和善的力量。随着时代的发展和文明的开化，人们逐渐摆脱了原始阶段愚昧的思想，对各种自然现象和自我有了全面科学的认识。历史发展过程中，湛江傩舞面具所附着的、最初的宗教意识已经开始淡化，娱乐和教育功能显著增强。粤西傩面具已经成为民众进行庆祝和娱乐的道具之一，傩舞表演承载了原住居民的精神文化信仰，其中傩舞面具的艺术形态之美、依然为现代粤西人民的生活提供娱人、娱神的社会服务功能。

（3）湛江傩舞面具的文化功能。

一是社会心理慰藉。傩面具的宗教文化特色是原始宗教的产物，它与原始宗教文化是一脉相承的，原始宗教文化是原始人站在自然之上，

湛江傩舞体现和谐社会的道德理念

企图用宗教的手段来迫使自然服从人的主观意识的一种产物。他们认为只要戴上傩面具，就会被蒙上一层浓厚的祭祀色彩，就能获得一种超自然的神力，能托神灵之口、教诲或规劝世人，实现人们冲傩还愿的目的。

二是娱乐民众。现代人佩戴傩面具更多是为了娱乐，用于节日表演的傩舞趣味性更强。那些崇拜和敬畏的原始宗教情愫在傩舞中逐渐消失。更是用心灵在时间进行交流。表现欢乐喜庆，从最初的娱神，发展到娱人的境界，从而被广大群众悦纳、传承。

三是艺术审美。湛江傩舞面具的含义具有多样性：粤西傩面具的数量繁多，风格各异，追求以形写神，形神兼备。千姿百态的傩面具以其造型的怪异奇特、色彩的厚重热烈、线条的粗犷奔放、材料与工艺的古拙之美，是我们研究粤西傩文化和傩面具不可多得的物证。

四是对传统文化的认识与传承。粤西傩面具有独有的艺术特征和自身的艺术魅力，它除了体现驱鬼逐疫、祈求吉祥、逢凶化吉、镇宅求子等感性追求外，也折射了原始先民对自身命运无法掌控的畏惧心理，傩面具和傩舞能给他们的生活带来无限的精神力量。

2. 湛江傩舞面具的艺术之美

（1）湛江傩面具的色彩之美。色彩是视觉艺术中最具表现力和感染力的重要手段，同时也是传递情感的重要方式。在原始社会，原始部落每次在狩猎之前必须以一定的方式在墙上绘制猛兽等形象并且加以装饰，他们所选用的颜色大多数为黑色或者红色，这种原始朴素的色彩在当时反而显得越现代，越永恒。其实，在人类社会早期，先民们已经开始尝试用不同的色彩来表达自己意愿和情绪，它们崇拜色彩，并赋予色彩以特殊的内涵，主动利用色彩来表达自己精神上的追求。在中国传统文化中，而“红、黄、蓝、黑、白”五行色一直被古人视为“正色”，是中国传统艺术用色的基本标准。湛江地区的东角村傩舞由六人组成，分别戴着红、黄、蓝、白、黑面具，代表着马、郭、方、邓、田等五员神将。在喧闹的爆竹声和鼓声中，由站在中央位置的“田”带着四神将和雷首跳着基本舞步横排入堂，在堂中按东、南、西、北、中做套路动作。他们的动作有力，风格古朴、奔放、粗犷，节奏鲜明，队形变化完整，极富艺术特色，是粤西傩舞表演的经典形式。

傩舞面具一般以红、黄、蓝、黑、白为主用色，从艺术审美的色彩角度分析，主要还是为了突出人物的性格特征。湛江傩舞面具的色彩，感觉鲜明靓丽，十分引人注目。红色意味着忠勇、正直；黑色预示刚强、暴烈；蓝色凶猛、怪诞；黄色古老、神秘；而白色并不是西方色彩审美中的圣洁，而可能是奸诈和搞怪的。傩舞面具的五色构成，形成十分绚丽的画面，用五色渲染出浓烈的节日气氛，造成观者心灵上的震撼。另外，许多保存下来的年代十分久远的粤西傩面具上的色彩已经脱落，因为材质特殊，造型保存十分完好，历久弥新。没有色彩，这些古老的无色面具呈现出一种灰暗、古朴、悠久神秘的色彩，这种看似单色傩面具更显得狰狞和恐怖，脱了色的傩舞面具显现出原汁原味的雕塑美感，渲染更加神秘的原始艺术色彩，给当代的人们留下无尽的想象

湛江傩舞面具的色彩之美

空间。

（2）湛江傩舞面具的饰纹之美。湛江傩舞面具的装饰纹样较少，但整个神像的造型与色彩相呼应，其中最典型的纹样主要有雷州市南兴镇东市村“走清将”的面具是该村供奉的“三神五将”。其面具造型特殊，神态逼真，特色鲜明，面具横摆一排，面具后墙是一幅彩色的图画，“天罡”画着一只美丽的仙鹤，“玄坛”画的是一只低头吃草的山羊，这样设计的祭坛在全国各地的傩坛中都很少见。之前在广东省也未见过。这些都足以说明从这些纹样的线条变化来看，有直线纹与弧线纹、曲线纹、连环纹和圆形纹等。从这些纹样的结构来看，有收敛纹、扩散纹或散射纹等。湛江傩舞面具大多以水波纹、曲线纹、刀形纹、菱形纹、三角纹等类型出现。其线条追求疏密繁缛、曲直、粗细等，具有扣人心弦的美感和艺术魅力。这些装饰纹样能够驱邪镇妖，保家护院、富贵平安的传统审美心理。

（3）湛江傩面具的造型之美。粤西傩面具的造型所表现的主要是各种虚拟的神它们大致可以分为三种类型。粤西傩面具造型艺术中装饰性纹样的美主要体现在和谐、统一的艺术组合中，它们之间的协调、对抗与交错，以自由和人为的形式呈现在我们直观的心灵面前，使我们感受到这种表演艺术造型的激情与震撼。本文按照面具的艺术造型，将傩面具分为正神、凶神和世俗人物三大类。

第一类为正直善良、和蔼端庄的神。傩面具雕刻的一般程式为：凸眼、粗眉、肥鼻、阔嘴。这不仅仅体现了傩神的独特，也是雕塑者性格的自由放任，雕凿时恣意夸张的手法使然。如湛江麻章旧县村“考兵舞”的土地公、土地婆的面具。

第二类为凶悍狰狞、暴牙咧嘴的神。整体感觉是：凶悍、怪异、令人望而生畏，属于凶猛狞厉型的神。这类面具最突出的特征是：眼球突出、双角直立、獠牙竖起、火焰眉，看上去咄咄逼人。如湛江麻章旧县村的车、麦、李、刘、洪五将军的面具。

第三类为世俗生活中的英雄人物，面部造型和现实生活中的人物差不多。但也是不拘于范本，凭借艺人自己的想象雕刻出新的傩面具形象，令人惊诧不已。手法诙谐，娱人娱己。如湛江傩舞之“舞二真”的面具和道具，接近中国传统京剧人物形象。

以上傩舞面具形象不同层次上体现了人与自然的和谐统一，及“天人合一”的哲学思想。粤西傩面具上的装饰纹样起源于原始社会的图腾崇拜，是原始先民对变幻莫测的宇宙万象、飞禽走兽、花鸟虫鱼以及动植物形状产生的幻想和猜测。我们从中国传统建筑装饰工艺上的动物纹、植物纹就可以看出，人们对大自然的敬畏和崇拜。粤西傩面具的装饰纹样除了具有驱鬼辟邪、祈福禳灾的意义外，也寓意着吉祥。

傩面具上的配饰有龙、凤、云、兰、菊花、福寿等纹样。这些直观可感的完美纹样。其美感主要表现在以下三个方面：一是对称的线条美。如傩面具中土地公、土地婆的对称型线条美。二是刚劲有力与秀气圆润的线条美。如湛江地区年例终神像及其面具造型中的线条，既有整体的刚劲有力，也有局部的柔和圆润。三是多种线条混合的复合美。如“舞二真”中人物形象既有胡须毛发的直线美，又有粗眉、双眼圆睁、

湛江傩舞面具的造型之美

双睛暴突、满脸横肉的曲线美，构成多样性线条的统一美。

（4）湛江傩面具的材料与工艺之美。雷州市雷城东门村“走清将”的面具也有特色，由五名青年头戴青、赤、白、黑、黄面具代表五雷神将，手执牛角、兵器，到各家各户去“驱鬼疫”、“送吉祥”、“保平安”。戴的面具不是木制品而是皮制品，是用牛皮制成的面具，是元代传下来的。这样的面具在雷州半岛的“走清将”中很少见。中国傩面具的制作材料大多采用柳木、桃木和丁香木等，也有少数采用竹、纸、布、草等材料制作成傩面具。但粤西地区的傩面具大多还是选择以特制的木材为主。其主要原因在于这类木材质地柔软、韧性强、易于匠人下刀、不易腐烂开裂，适合用于做傩面具。当然，傩面具的也有纸制材料的，具体制作方法是用泥塑后裱成纸胚，再在纸胚上绘彩，这类纸制傩面具的优势就是轻、色彩艳丽，但是不耐用，容易破坏，因此最终纸质面具被木雕面具所取代。木质面具的优势在于，它易于制作，易于保存，还可反复使用，其装饰效果远比纸质面具更为突出，在种种情况下，人们发现木质材料雕刻傩面具更为方便，更能表达他们内心的这种宗教情愫，后来世代相传，保存至今。粤西傩面具选择天然木材为原料，通过雕凿成型后涂上底色，再刷上桐油或者烟熏而成，使其呈现出古铜色的光泽，具有一种原始古朴稚拙的魅力与美感整个形象充满着鬼魅、灵性的神秘感，其实人们要的就是这份古朴苍劲和山海灵趣，要的就是这份淳朴的虔诚和怪诞不羁。单色傩面具正是因为有了这种粗犷，才使其魅力无穷，也正是这份稚拙，才使得它具有灵魂脱俗的魅力。粤西傩面具的制作工艺非常复杂，艺术上追求精益求精。一般制作傩面具的民间艺人大多都是该、民族该地区德高望重的智者，具有较高的地位。民间艺人在进行傩面具创作时都把它当作无比神圣的事情，凝聚着他们对傩神的崇拜和敬畏的宗教情愫。他们雕刻傩面具不仅仅是用手，更是用心灵在与神进行交流。傩面具的雕刻常用两种手法：一种是参考范本，凡技艺高超的民间艺人能丝毫不差地将其临摹并雕刻出来；另一种是不拘于范本，凭借艺人自己的想象雕刻出新的傩面具形象。傩面具雕刻的一般程式为：大眼圆睁、粗眉倒竖、高颧突额、大鼻阔嘴。这不仅仅体现了傩神的威严、神秘与凶残，也暗含了雕凿之道，由此形成一种粗犷的、不羁的、具有中国传统文化内涵的艺术风格。

3. 湛江傩舞面具艺术的承传与发展思考

粤西傩面具是原始宗教发展的产物，具有驱逐邪恶、祈求吉祥的社会功能，傩舞表演过程中不同的角色人物是民众心目中的守护神、正义之神。时代在发展，粤西傩面具正面临日渐丧失自身生存空间的危险。

（1）要重视湛江傩舞面具文化艺术的保护工作。目前，中国传统文化正处于急剧变革和转型时期，具有地方特色文化的民俗文化的发展状况明显滞后，傩舞面具制作工艺日渐失传，造型单一狰狞，缺少时代气息和现代审美的元素，面对湛江地区民俗技艺，如不及时抢救正在遭受不同程度破坏的粤西傩舞面具的制作工艺和审美艺术价值，它将可能因后继无而濒临消亡。保护湛江傩舞艺术和傩舞面具，就是对中华非物质遗产的保护。通过研究湛江傩舞面具文化，了解湛江傩舞面具的现代化演进及其创新价值，保护雷州半岛民间艺术，拉动粤西地区文化艺术健康发展，同时指明湛江民俗文化保护和优秀民俗工艺发展的方向。

（2）要注重湛江傩舞面具文化艺术的开发利用。湛江傩舞面具的造型形式独特古朴，为现代艺术审美教育提供资源，对湛江傩舞面具地进行发掘和审美探索，可为湛江傩舞面具的保存和利用提供了新的途径。作为湛江民俗文化的载体，其独特的造型特征，异常鲜明色彩特征为人称道，在湛江春节、元宵节期间 ，湛江人民的傩祭仪式和傩戏演出吸引了所有人的目光。年例时更是全村沸腾，归乡的族人、以神为载体，用傩舞表演表达他们对来年的期望，对幸福生活的向往。从观看傩舞和参与傩舞表演的父老乡亲的眼里看到的是和谐中华的影子。这个意义上讲，其吉祥欢庆的象征意义凸现，傩舞艺术和傩舞面具一道，成为现代粤西人民敬畏并深爱的艺术珍品。

（3）对湛江傩舞面具艺术的延展创作。极具地域文化特色的粤西傩面具民间艺术融入到现代旅游工艺品的创新设计当中，为现代旅游工艺品的发展注入新的活力，同时，也为传统粤西傩面具的现代延续提供了创新设计的基础和素材，起到抛砖引玉的作用。笔者认为，粤西傩面具的开发必须秉承中华传统文化精髓，让傩面具现代旅游工艺品走进大众的生活，让粤西傩文化走向世界。

（4）加强对湛江傩舞面具文化艺术的研究。正确认识湛江傩舞面具文化艺术。很多研究文化的学者认为傩舞文化的留存原因是落后和闭塞造成的，事实上，真正为傩舞艺术生长提供肥沃土壤的，是严酷的自然生存环境和雷州地区人民乐观进取的精神造就的。沿海居民借傩舞来趋利避害，寻求超越自然的宗教力量。时代在向前发展，随着本土文化自觉和民族文化的觉醒，傩舞面具及傩舞文化受到极大关注，在湛江雷阳文化的研究视野中，我们欣喜的注意到专家学者们从 20 世纪 70 年代开始，就不断从艺术学、美学、民俗学、教育学、宗教学等多元角度出发，探索和发现傩舞面具艺术潜在的文化价值。

第四章　主要观点与建议

一、粤西濒危民俗文化研究的主要观点

（一）粤西民俗文化的意义

粤西民俗文化是广东西南部地区居民的文化意识在漫长的历史演进长河中，以原生态的文化意象原型为核心构成的文化模式，这种文化模式的反复出现、固化和渐进式的嬗变，奠定了粤西民俗文化意识的理性基调和现实倾向。它的主体部分形成于过去，属于古粤西的传统文化，而其根脉却延伸到当今以湛江地区为核心的粤西民众生活的各个领域，并伴随着社会生活的发展而不断变化。同时，粤西民俗文化一定程度上又是当地民众社会生活中普遍存在的隐藏不露的社会规范，具有一种与所有人生活最贴近、感情最亲近、行为最切近的道德作用。千百年过去了，今天的粤西民俗文化的形态及其现代意义又如何？这是值得我们探究的。

粤西民俗文化的内涵非常丰富，她所传承的是源远流长的中华文明，是我国传统文化的组成部分，她的精华是涵养粤西居民的主体意识的根基和继承民族精神的命脉，对当地民众和社会都具有很强的控制力、调节力和规范力，这种力量主要来自于这种民俗文化的教育功能和凝聚功能。

1. 粤西民俗文化是一种不可或缺的教育资源

粤西民俗文化是一种原生态的民间社会生活模式。社会生活先于个人而存在，并影响和决定着个人的文化意识。粤西民众的民俗生活方式培育着一代代粤西人的乐观、豁达、坚忍、粗犷的文化个性，这便是个体成长的文化基因。粤西个体居民的文化意识首先是由适应他们代代相传下来的原生态的民间社会生活模式和标准所决定。从人出生之时起，他生于斯的风俗就在塑造着他的经验与行为，到他能说话时，他就成了自己文化的小小的创造物，而当他长大成人并能参与这种文化活动时，其文化习惯就是他的习惯，其文化信仰就是他的信仰，其文化不可能性就是他的不可能性，这就说明民俗文化对个体的教育和塑造起着重要的作用。这是粤西传统民俗文化生生不息、历久弥新的根本所在，是永不枯竭的民间教育资源。

粤西民俗文化具有民心警钟效应，能唤起心灵的觉悟，是一种潜移默化的社会教化。尤其是精神民俗，这是一种正统教育之外的村社教育，是特定社会制度下的准外化，它形成了社会制约与自我行为的约束，从而使社会成员符合社会道德规范。

以雷州半岛的傩文化为例，这种傩文化无论是其文化性质、文化内

粤西的年例文化节是一种永不枯竭的民间教育资源

容还是文化形式，都具有雅俗共赏性。雷州半岛傩文化在现代偏重于形而下的器物，它是高雅文化的基础。从这一意义上讲，这种傩文化具有民俗文化的根脉性，其超越历史，延伸至当今为民众所享用，并随之上升为形而上的本土哲学思想，沉积着雷州半岛人的智慧，从而证明了雷州半岛民俗文化是现代湛江雅文化的基础。也就是说如果没有雷州半岛民俗文化之俗的奠定，也就无法产生湛江雅文化之雅的格调。雷州半岛俗文化与湛江雅文化二者之间是不能分割的。如果雅文化是俗文化的精髓，那么俗文化是雅文化的基础，离开了“俗”的基础，“雅”也就成了无源之水，无本之木了。因此，雷州半岛傩文化这种雅俗共赏的特性是其独有的艺术教育功能之所在。

其次，粤西民俗文化的产生、发展和运用都是在生活中进行，是一种与生活交融的文化现象，因而是一种生活化的教育资源。例如，雷州半岛的婚嫁习俗文化是他们生产劳动、生活方式和习惯禁忌的真实写照，是一代代新人成长的鲜活教材。古代雷州半岛民众的教育大多来自是社会和家庭，雷州半岛民俗的礼仪、习尚、禁忌、艺术都是人们学习成长的教义和样板。即便在现代文明社会，雷州半岛民俗文化仍然是他们教育后代的重要内容。因此，粤西民俗文化对民众的教育是在生产生活中进行的，而不同于现在的学校教育，仅局限于教室而脱离了生活世界。在现代社会，粤西民俗文化所具有的生活特性，正是让学校象牙塔式的教育回归生活实践教育的一条有效途径。

2. 粤西民俗文化对建设和谐粤西具有强大社会凝聚力

建设社会主义和谐社会不仅需要完善的法规和制度，还应该利用传统的民俗文化。粤西民俗文化作为粤西社会文化意识形态结构中最基层的文化形态，本身就带有稳定及和谐的特质，一直是建设和谐粤西和幸福粤西不可缺少的要素，并在建设社会主义和谐社会的过程中发挥着重要的作用。

（1）粤西民俗文化是传承和发展粤西传统文化的重要基础。一个地区文化之所以区别于其他地区文化，最主要的特征就是它拥有自己独特的民俗文化。人类学家早就提出过这样的观点：传统文化是保存先人的成就，并使继起的后代适应社会的一种既定存在形态。若没有文化传承，现代人绝不会比类人猿更高明。在千百年来粤西的历史发展中，形成了丰富多彩、绚丽迷人的民俗文化，这些民俗文化曾经深刻影响了一代又一代人。粤西民俗文化是现代粤西人赖以生存和发展的理性工具之一，是粤西人睹证过去、印证现在、指向未来的一种智慧积淀。时下的粤西社会已经进入一个新的时代，但时代的变迁并没有淡化民俗文化的价值，相反在这个多种文化相互碰撞与交融的今天，粤西民俗文化的现代价值更为彰显。在粤西各市政府提出实施文化强市战略，建设文化大市的背景下，保护和继承包括粤西民俗文化在内一切优秀传统文化，对于在经济全球化和世界文化多元化的形势下实现广东西部崛起战略具有至关重要的意义。

（2）粤西民俗文化具有培养民族精神的价值。因为民俗文化蕴含着族群意识，具有唤醒广大民众民族认同的功能。民族精神的培养离不开民俗文化，通过强化民俗传承有利于培养民众的家乡观念，陶冶民族审美情趣，提升优良的道德境界，培育热爱族群的和谐精神。例如，雷州半岛的傩戏、雷歌、传统节庆民俗（如春节团圆年夜饭、清明节扫墓、端午节赛龙舟等）都蕴含着浓郁的族群意识，是雷州半岛人民千百年所传承积淀下来的丰厚遗产，对塑造民族性格、凝聚民族情感起着重要作用，是培育和弘扬民族精神、进行爱国主义教育的重要资源。

（3）粤西民俗文化具有提升道德境界的价值。民俗作为民众群体中自发形成和传承的一种不成文的规矩，是人类生活中产生最早，约束面最广的行为规范。粤西民俗文化蕴含着先天性的德育内容，它们不仅在粤西文明起源的过程中产生过积极的作用，在粤西社会进步中具有不可磨灭的功绩，而且对粤西未来的发展也有很好的借鉴意义。以雷州半岛的雷阳文化为例，这种以书院文化为核心的传统教育文化，凸显了“崇德厚道，匡时济世，阳刚有为，廉政爱民”的先贤思想，造就了以

“三陈”（陈瑸、陈昌齐、陈乔森）为代表的道德楷模，其中蕴含着丰富的道德要求。又如，粤西的民间俗语中潜存着丰富的道德教化思想、民间礼仪中也蕴含着鲜明的道德价值的引导。再如生活习俗中的勤俭节约、艰苦朴素、开源节流；礼仪习俗中的尊老爱幼、尊师敬贤、相互帮助；民间故事中所表现的扶困济贫、乐善好施、见义勇为等，无不对人们的道德塑造和思想觉悟的提升有很好的引领作用。

雷州半岛的雷阳文化凸显了“崇德厚道，匡时济世，
阳刚有为，廉政爱民”的先贤思想

（4）粤西民俗文化具有培育和谐精神的价值。“天人合一”是中国传统文化的基本思想之一，粤西民俗文化不讲征服自然，而强调要顺应自然天理，讲求天人感应。如雷州文化中的陈文玉传说、“雷州换鼓”等神话传说，所反映的是人与自然和谐相处之道，这与我们现代所提倡的人与自然的和谐是完全吻合的。除了人与自然的和谐，粤西民俗文化中的节庆文化也促进了人际关系的和谐，例如，粤西民俗最为典型的传统节日——“年例”，正是人们感受族群和谐文化的好时机。“年例”是粤西民间特有的祭祀文化，它伴生着各种民间艺术表演，以博取和讨得一年的风调雨顺、五谷丰登、六畜兴旺，表达人们美好的愿望。在“吃年例”的过程中，亲戚朋友互相往来，酒足饭饱之后，聚集在一

块，聊聊自家的收成情况，聊聊儿女的学业、工作以及婚姻等家常，嘘寒问暖、沟通思想、增进感情、相互关怀、相互勉励。由此可知，“年例”对农民的和谐生活有着极其重要的意义，它不仅丰富了农民的文化生活，还增强了农民之间的相互交流，有利于促进农村的精神文明建设。又如，粤西民俗节庆活动是粤西和谐文化建设的一个重要载体，也是传承和谐精神的一种重要形式。尤其是在春节、正月十五、端午节、中秋节、七月十四、冬节等这些传统节日里，充满着中华民族的和谐精神。在建设社会主义和谐社会的大潮中，我们更应该把这些流传千古的优良和谐文化引入我们的生活，为幸福粤西和文化粤西的建设大业服务。

天下四绝之首的“雷州换鼓”民俗，蕴含“天人合一”的中国传统文化思想

（二）如何看待粤西民俗文化的几个基本观点

1. 如何看待粤西民俗文化的神秘性

（1）神秘性是民俗的一大特征，没有神秘性，有些民俗就失去存在的价值。如爬刀梯、穿令箭，正是它的神秘性吸引了大量的民众参

与，认为这是不可思议的现象，也正因为不是一般人能做到，所以才承传数百年而不衰。不少人想揭秘赤足踩于刀刃上、钢针穿过脸颊而不流血的原因，我们可以从医学的角度去探秘，但大可不必试图从文化的角度去揭秘这种民俗信仰行为。倘若一味纠结于“护身符的作用”、“是否真的有跟神灵沟通”等问题，难免会让如此流传百年的民俗文化丧失其神秘性及其魅力价值所在。

（2）祭祀神灵、游神不是宗教迷信。

一是祭祀祖先神灵不是宗教活动，是我国农村特有的一种结合着儒家的“孝道”和道家的敬神仪式的礼敬祖先行为和仪式，是有别于宗教的一种民间崇拜，可归结为民俗信仰。这种民间崇拜与宗教有着本质的区别：民间崇拜各村有各自的神灵，没有“普世”的神灵，而宗教的神灵是共同的（即同一宗教的神是共同的），在信仰者认为，神是“普世”的；村民的神灵是自己的祖先，有着血缘关系，范围一般局限于本村村民，是以“孝”文化为纽带的，宗教的崇拜者与神无血缘关系，完全靠一种信仰精神维系，很容易形成精神控制；村民的神灵只有在特定的时间才祭祀，而宗教的神则需要崇拜者时时去礼拜；民间崇拜是没有政治目的的，而有的宗教是有政治诉求的。

二是不可否认，这种祭祀祖先神灵的民间崇拜，是基于“巫文化”的“有神论”之上的，但它只是一种无害的“有神”意识，是人们（不仅仅是村民）对大自然（包括人体本身）的许多超自然的现象尚找到科学的认识之前的一种迷茫和幻想的认知心理。这种认知心理并不与当前主流的社会主义核心价值观形成对立，而是当今社会多元文化的一种现象，只要加以正确引导，可以趋利避害，为社会主义文化建设服务。

三是这种民间信仰是在长期的历史发展过程中，由民众中自发产生的一套集神灵崇拜观念、行为习惯和相应的仪式制度于一体的行为模式。民俗信仰具有强烈的神秘性、保守性、封闭性和渗透性，是基于有神意识之上的神灵崇拜，这种神灵崇拜的正面效应也不可忽视。就其自身客观存在而言，并无所谓好坏，它只是一种认知方式。这种认知方式直到今日依然或隐或显地存在于不同的人群之中。我们固然可以用理性主义的朴素认知来贬斥“神灵崇拜”的荒诞不经，但却抹煞不了它作为一种社会客观文化存在的事实。如能加以引导，有利于人们借助从神灵中获得自信和成功的自我暗示，从而有助于在人生道路上克服艰难困苦，取得成功。

2. 如何看待粤西民俗文化的正面意义

就这些民俗活动本身而言，也有许多积极的文化因素。

（1）穿令箭、爬刀梯、下火海、翻刺床表现的是牺牲自己，造福村民的献身精神。在这些惊险的民俗表演过程中，表现出来的是大无畏精神和勇于担当的责任感；村民在祭祀活动中所表现出来的是团结互助、热爱家乡、尊敬祖先、孝敬长辈的团队精神和乡土观念。都是当今社会主义精神文明建设不可或缺的重要精神文化元素，应当给予肯定和倡导。

（2）这些民俗活跃了农村文化生活。穿令箭、爬刀梯、下火海、翻刺床和民间祭祀活动主要存在于农村，我国农村既是文化建设的薄弱环节，又是民族特色文化内生力最强的地区。正是这些民俗的神秘性吸引了大量的民众参与，在一定程度上，活跃了农村文化生活，提升了农村的文化组织能力，有利于促进优秀传统文化的传承和利用，对于提高农村文化建设水平和促进当地旅游产业的发展具有重要意义。

（3）这些民俗传承了古雷州半岛先民与自然界作斗争的精神。雷州半岛先民敢上刀山下火海、求生存谋发展的大无畏精神，反映了远古时代的先民对自然和祖先的崇拜，这对研究雷州半岛先民的族属与地区社会发展、文化交流有重要的参考价值。由此看来，这些民俗绝不仅是一项简单的文化表演，更是象征一个地区、一个民族浴火重生后的涅槃，是中华传统文化的精神根源所在。

（4）粤西民俗文化仪式具有文化娱乐性，是农村文化建设的重要组成部分。是当地农民喜闻乐见的文化，是自发的草根文化，有深厚的群众基础，尤其是其中的穿令箭、翻刺床、爬刀梯等民俗。正因为它是一种傩俗、巫俗、崇雷俗相结合的产物，也是一种媚神仪式，并且具有惊险、神秘的巫文化色彩与自残的特征，具有很强的观赏性和娱乐性，所以才在民众心目中引起震撼。也正因为这些民俗形式具有历史性、民俗性和观赏性，才得以被湛江市非物质文化遗产保护中心相继申报为市级、省级、国家级“非物质文化保护项目”。

（5）这些民俗活动深深地寄托了人们的愿望和期盼。这些民俗活动所祈求的是国泰民安，风调雨顺，消灾避邪，财源滚滚的新年愿望；寄托着人们认祖归宗，人丁兴旺，社会平安，乡里和谐的族氏期盼；具有增强族氏凝聚力和促使人们欢聚一团的向心力。这些愿景都是社会的正能量。

3. 对待这些民俗，我们应有的态度

（1）理性看待，用历史和现代的眼光审视。一是，穿令箭、爬刀梯、下火海、翻刺床是一种民间民俗文化绝活，是经过数百年的传承至今仍有文化活力的民俗，它体现了中华文化的博大精深，是中华文化软实力的表现。在社会主义文化建设的进程中，它承担着独特的文化传承使命，现代人对于这些民俗活动有不同的看法，有人说能锻炼人的意志，也有人认为这些人愚昧，活动残忍、迷信，主张取缔。笔者认为对于传统民俗文化，已存数百年，“文化大革命”也“消灭”过它们，但它仍然是“野火烧不尽，春风吹又生”，它的存在自然有其存在的理由和意义。但现在大多处于濒危状态，急需政府给予支持、保护和合理利用。二是，一个地方的民俗文化，其生存与发展取决于本土的民间营养，包括民间风俗习惯、历史传承和民众的接受度。粤西民俗文化，完全是草根文化、乡土文化，与精英文化无关。它不可随意移植，（本地民俗移到它乡往往水土不服，无法生根，除非整个移民）。因此，对于民俗文化中外地人难以理解的现象，我们无需为他们担忧，从来如此，便能自得其乐；我们更不可用所谓“精英”的眼光去限制他们，甚至棒杀他们。无论是精华也好、糟粕也罢，流传下来的，都有其存在的历史意义。

（2）对古老的“巫”文化亦应正确看待，不要一概片面否定。无疑，粤西的年例、游神、“翻刺床”、“穿令箭”、“爬刀梯”、“过火海”等的民间仪式是来源于古老的“巫”文化。传统“巫”文化起源于蒙昧时代，免不了带迷信色彩，但流传千百年，至今不息，自有其流传的道理。从现代科学的角度研究，也有值得借取的元素。现代心理科学研究认为，巫术具有一定的心理治疗与心理暗示作用，巫术的心理暗示“场域”结构可以称为“仪式性场域”。在粤西年例的“穿令箭”、“爬刀梯”、“过火海”“翻刺床”等的民俗仪式上，表演巫术的村民，往往都认为自己怀有“神圣使命”或“神灵护体”，表演前自身就极度亢奋，再加上现场村民的喊声、锣鼓击打的喧嚣气氛，这就形成了“仪式性场域”。在“仪式性场域”的作用下，表演者就像喝醉酒一样神志恍惚，而且心里确信是有神灵保佑，再加上至今还无法解释的神秘现象，所以表演时他们都不会觉得痛。表演者这种无畏无痛的表现，又加深了村民对“巫”的崇拜与信仰。对这种“仪式性场域”研究和利用，具有一定的社会学意义，因此，简单地认为巫术是迷信行为、是装神弄鬼，从面把它归结为伪科学而全面否定的观点，是片面的，不科学的。

二、粤西濒危民俗文化保护与利用的建议

（一）粤西濒危民俗文化的挖掘整理与保护建议

1. 提高认识，确立原则，保护性利用

（1）提高认识，正视问题。对粤西濒危民俗文化的挖掘整理与保护，是传承传统文化、提升国民整体素质的重要途径和手段。但目前我

们在粤西濒危民俗文化的挖掘整理工作上还存在大量不足，主要问题有：一是挖掘不深，主题不明。各地挖掘展示出来的民俗文化内容呈现散、弱、小的状况，对相互之间的联系挖掘不深，没有形成一套当地民俗文化的总体挖掘整理思路。二是重视不够，保护不力。许多珍贵的民俗文化遗产面临失传，甚至被毁，岁月的更迭、风雨的侵蚀加上人为的破坏，许多珍贵的民俗历史文化资源正逐步消失。三是人才不济，保障不力。各地没有专门从事民俗文化研究的组织机构和专业人员，经费也难以得到保障。四是纵向传承不接，横向交流不足，一些重点民俗文化事项承传人出现青黄不接后继乏人、濒临消失。传承是民俗文化得以延续的基本途径，在收集整理民俗文化资料中，过分强调实证考究，忽视民间口口相传的民俗资料，同时，一定地域内挖掘整理工作的交流与合作研究不足，各自为阵，效果不佳。

（2）明确原则，加强挖掘整理与保护。濒危民俗文化的主要保护原则有：

一是本真性保护原则，即在保护民俗文化遗产的时候要保护原生的、本来的、真实的历史文化原物，保护它所遗传的全部历史文化信息，这要求在实际保护工作中要坚决反对混淆真伪的现象。

二是整体性保护原则。即一种民俗文化的形成并不是零散的，而是作为一个整体的代表性，因此在保护的时候要注重其整体性。民俗文化事象具有多种多样的艺术形态和文化内涵，并且根据不同的环境也呈现不同的状态，这些不同方面综合在一起就是一种文化的整体表现形态，因此，在保护的时候要倡导多方位、多层次的进行保护，确保文化的整体性可以最大程度得到保护，以最全面的形态传递下去。

三是科学性保护原则。就是落实科学发展的保护观，必须正确处理遗产保护与利用的关系，促进经济社会全面、协调和可持续发展。民俗文化遗产是一种民间传统的活态文化，是一种不断发展的文化，因此在不同时代呈现出的状态也是不同的，在保护的过程中要做到科学性原则，这样做就是为了确保民俗文化遗产作为发展着的文化的特点可以被保存下来，而不至于在不断进步的社会中一成不变。

四是濒危民俗文化遗产优先保护原则。粤西的民俗文化遗产经历了漫长的发展过程，在这个过程中产生了众多的民俗文化遗产，而随着历史的长河不断推进，不少民俗文化仍得到很好发展，但也有很多民俗文化遗产已经濒临灭绝，根据目前的社会现实，如果要对众多的民俗文化遗产一一进行保护，显然存在很大的难度，因此针对现实情况，在保护的时候尽可能优先濒危遗产，避免文化的遗失。

五是坚持“普查、宣传、保护、传承”八字方针，在挖掘上下功夫，在传承上做文章，在弘扬上出实招；尊重历史原貌，尊重文化传统，合理开发，合理利用。

2. 讲究方法，科学保护，合理建设

（1）全面推进粤西濒危民俗文化普查工作。粤西民俗文化遗产涵盖众多种类，在进行保护工作的时候可能出现遗漏忽略现象，为了避免这种现象的发生，可以首先进行文化遗产普查工作，在这之前应该做的是对粤西民俗文化进行分门别类的划分，根据其性质特点以及地域环境的不同进行分类。接下来根据不同种类安排不同工作人员小组进行，在此之前还要对于普查工作进行流程计划，确保其可以顺利进行。

（2）建立粤西濒危民俗文化遗产保护四级名录体系。为了切实做好粤西濒危民俗文化遗产的保护工作，避免保护工作走过场的形式主义，防止有人借保护工作的名义将粤西民俗商业化的现象，在保护工作的时候建立四级名录体系，就是国家、省、市、县级四级名录，形成从上到下的一个保护体系，国家的政策措施可以有效传达到下级部门，并且可以有效实施，从而真正达到保护粤西濒危民俗文化遗产工作的目的。

（3）认定和保护粤西濒危民俗文化遗产代表性传承人。粤西民俗文化是一种发展着的文化形式，其载体是人，因此为了真正做好粤西濒危民俗文化的保护工作，就要加强其代表性传承人的保护，这就要求政

府及其相关部门要支持遗产的传承人以合理合法的形式组织的传习活动，经过这些活动的开展，让更多的人认识到粤西民俗文化遗产。另外要做到的就是尽量将粤西民俗文化遗产的代表性传承人发展成为团体的形式，这样一来可以增大文化的传承性和影响力，使得文化产生更加深远的影响。

（4）建设生态保护区、实现粤西民俗文化生态的整体保护。粤西民俗文化和其周围的生态环境有着密不可分的关系，其产生和传承都是生态环境的另一种表现方式，因此在保护的过程中为了尽可能本真性的进行传承，就要采取建设生态保护区、实现生态文化的方法，要做到点其实是有一定难度的，因为环境较其他物质可控制较差，并且大的自然环境本身就很难控制，但是将环境空间缩小，在一个局部的环境中这种难度就会降低很多，在小范围的环境中，根据不同的民俗文化遗产特点采取不同的保护措施，使得其可以继续发展较长时间，并尽可能产生更大的影响，例如，采取建设粤西民俗文化遗产保护区的形式，使得其可以立体发展。

3. 出台政策，完善措施，加强建设

（1）加强对粤西濒危民俗文化的普查。通过层层发动，抽调业务技术骨干，全面开展粤西濒危民俗文化野外普查整理，加以详细登记备案，为研究和探索民俗文化提供更多的佐证和依据。

（2）加强对粤西濒危民俗文化的保护。在广泛深入普查的基础上，认真分析各项民俗文化资源的内在价值、涉危情况，有针对性地提出保护措施，运用文字、录音、录像、数字化多媒体等手段，进行真实全面的记录。

（3）加强民俗文化承传人培养和活动阵地建设。首先是加强民间民俗艺人保护工作，访问、查找、挖掘民间艺人，让掌握特殊技艺的民间艺人享受生活保障，确保民俗文化艺术“香火”不灭；其二是拓展多样化的传承道路。加大培训民间艺人的力度，增加民间艺人的数量，并制定一定的考核和奖励机制。其三是民间人士可自发组织培训，培养各种民俗文化的自我保护意识，各村应制定相关的村规民约，定期开展培训，对不同的人群开展不同教育，加深对本民族文化的了解；其四是建立民俗文化培训基地，培养不同文化层次的民俗文化爱好者；其五是经常开展各种文化活动，确保各村的民俗人才有展示自我的舞台。

（4）制定地方性法规和条例以保护各濒危民俗文化。从立法的角度加大对粤西濒危民俗文化的保护力度。

（5）档案馆与博物馆、文化馆“联姻”，促进粤西濒危民俗文化档案资源整合，实现资源互补、信息共享。档案馆、博物馆、文化馆作为党和国家的文化事业机构，不仅具备收集、保管的基本功能，而且还具有保存非物质文化遗产、维护历史真实面貌、繁荣科研、发展经济、宣传教育等社会功能。

（6）申请非物质文化遗产保护。通过申请各级非物质文化遗产保护工作，让更多粤西濒危民俗文化进入国家、省级、市级、县级非物质文化遗产保护名录，使之得到更好的政策保护。

（二）粤西民俗文化的建设利用

1. 积极推进粤西民俗旅游资源的开发利用

一是民俗文化旅游资源的开发利用。民俗文化旅游资源的开发利用是指针对已经发现的且具有相当旅游综合价值的民俗文化旅游资源进行发掘、整理、设计和创造的过程。就是以某一地区的民俗文化旅游资源为原材料，经过旅游专家和相关学者共同参与加工改造，使其成为具有旅游多种功能并可产生旅游综合效益的旅游景区或景点的过程。粤西民俗文化是一种优质的民俗旅游资源，它的开发利用有利于促进现代旅游经济文化产业的发展，同时也有利于粤西濒危民俗文化的保护和发展。

粤西民俗文化旅游资源的开发要以特定的民俗环境、民俗载体、民俗情境和民俗活动为基础，通过一定的现代技术方法，将民俗文化资源转变成为具有一定影响力和相当吸引力的民俗旅游景观、设施和服务。民俗旅游资源开发的形式、内容一般来说比较集中，规模范围涉及面相对较小，因而往往表现为单一性旅游企业投资经营行为，即民俗旅游资源开发往往是民俗旅游投资经营者在相关旅游专家和文化学者事先调查、规划、设计好的蓝本基础上，通过投资建设和经营管理活动，最终形成一个民俗旅游景区或景点并开展旅游活动的过程。粤西濒危民俗文化的旅游资源开发不妨也可以采用这样一种形式，例如修建一座民俗主题园，如，雷州民俗主题园；打造一个自然民俗村，如旧县傩舞艺术民俗村等。民俗旅游资源开发是伴随着民俗旅游活动的开展而进行的。在旅游业飞速发展的今天，利用粤西民俗文化旅游资源的现代旅游经济价值，开发民俗旅游资源的综合潜力，建立民俗旅游点，设计民俗旅游线，规划民俗旅游区，不仅仅是旅游学界和应用民俗学界的共同心声，也是时代变化对粤西民俗文化的特殊需要和我国旅游业发展进步的重要标志。

2. 注重发挥粤西民俗文化的教育作用

粤西民俗文化蕴含着教育内容，它们不仅在粤西文明起源的过程中产生过积极的作用，以及在粤西民俗文化社会进步中具有不可磨灭的功绩，而且对粤西的人才培养也具有积极教育意义。

（1）利用于民众的道德教化。粤西民俗文化是一种原生态的民间社会生活模式。社会生活先于个人而存在，并影响和决定着个人的文化意识。粤西民俗生活方式培育着一代代粤西人的乐观、豁达、坚忍、粗犷的文化个性，这便是个体成长的文化基因。粤西民俗潜存着丰富的道德教化思想，民间礼仪也蕴含着鲜明的道德价值引导。如民间生活习俗中的勤俭节约、艰苦朴素；礼仪习俗中的尊老爱幼、敬老敬贤、相互帮助；民间故事中所表现的扶贫济困、乐善好施、见义勇为等，当他们自幼就参与这种民俗文化活动时，其文化习惯就是他的习惯，其文化信仰就是他的信仰，其文化不可能性就是他的不可能性，这说明民俗文化对个体的教育和塑造起着重要的作用。这是粤西传统民俗文化生生不息、历久弥新的品质所在，是永不枯竭的民间德育资源。

（2）利用于培养民族意识。粤西民俗文化承载着民族精神，因为民俗文化中蕴含着族群意识，具有唤醒民众民族认同的功能。民族精神的培养离不开民俗文化，通过强化民俗传承有利于培养民众的家乡观念，陶冶民族审美情趣，提升优良的道德境界，培育热爱族群的和谐精神。例如，雷州半岛文化的傩舞、雷歌、传统节庆民俗（如春节团圆年夜饭、清明节扫墓、端午节赛龙舟等）都蕴含着浓郁的族群意识，是雷州半岛人民千百年所传承积淀下来的丰厚遗产，对塑造民族性格、凝聚民族情感起着重要作用，是培育和弘扬民族精神、进行爱国主义教育的重要资源。

（3）利用于培育和谐社会精神。“天人合一”是中国传统文化的基本思想之一，粤西民俗文化不讲征服自然，而强调要顺应自然天理，讲求天人感应。如陈文玉、“雷州换鼓”等神话传说，所反映的是人与自然和谐相处之道，这与我们现代所提倡的人与自然的和谐是完全吻合的。除了人与自然的和谐，雷州文化中的节庆文化也促进了人际关系的和谐，又如，雷州半岛最为典型的传统节日——“年例”，正是人们感受族群和谐文化的好时机。“年例”对农民的和谐生活有着极其重要的意义，它不仅丰富了农民的文化生活，还增强了农民之间的相互交流，有利于促进农村的精神文明建设。再又如，粤西民俗文化的节庆活动是粤西各地和谐文化建设的一个重要载体，也是传承和谐精神的一种重要形式。尤其是在春节、元宵节、端午节、中秋节、鬼节、冬节等这些传统节里，充满着中华民族的和谐精神，这些流传千古的优良和谐文化正是学校德育的天然教材。

（4）利用于弘扬教书育人美德。粤西古代书院文化特具有崇教尚学，修德育才的精神品质，主要在两个方面：一是崇教尚学，传承文化。当时的书院作为民间教育机构，在办学和教学形式上具有可贵的自主权，是真正的“学者治校”。书院重视学术交流，允许通过相互探讨争辩，以兼取诸家之长相互促进。雷阳书院是雷州半岛文化教育活动的中心，又是学者研究学术和进行艺术创作的胜地，他们的活动使雷州府城成为雷州半岛的文化中心，被称为“天南重地”。书院文化的“崇教尚学，传承文化，培育英才”传统对当代教育影响深远。二是修德育才，甘当人梯。雷州半岛远离当时的政治文化中心，相对中原内地，文化比较落后，为了提携后学，他们发现少年英才便不惜代价培育养护。陈瑸年少时，就被几位恩师“目为大器”，“教而兼养”。陈乔森执教书院期间，非常注意教学方法，所授的课程十分受学子的欢迎，由于他的教育有方，培养出来的学生青出于蓝，先后中举人、进士的为数不少。今天粤西的教育成绩斐然，为国家输送了大批精英人才，这与书院文化的传统影响不无关系。

（5）利用于建设廉政文化。雷州传统廉政文化以陈瑸的廉政思想为代表。陈瑸生活于康熙年间，是雷州半岛著名的历史文化名人，著名的清官。他一生宦迹遍布北京、台湾、四川、湖南等地，政绩卓著，留下大量诗歌文章，其中包含着丰富的廉政思想。陈瑸是按照儒家的政治标准修炼成的清官典范，用他一生艰苦卓绝的努力，实践和诠释了封建社会的“六廉”思想：即“廉善、廉能、廉敬、廉正、廉法、廉辨”，从而也为当代的廉政建设留下了良好的廉政文化：陈瑸的“贪一钱，即与百千万金无异”名言成为今天廉政教育的宝贵思想财富；陈瑸的简陋故居成为人们最好的廉政教育基地。

参考文献

（一）专（编）著

1. 《雷州民俗文化》［M］. 牧野撰写，雷州历史文化丛书编委会编，广州：岭南美术出版社，2013 年 6 月。
2. 《雷州半岛古民居》［M］. 叶彩萍编著，广州：岭南美术出版社，2006 年 7 月。
3. 《湛江傩舞》［M］. 祝宇、宠德宣著，北京：中国文史出版社，2010 年 10 月。
4. 《湛江旅游资源》［M］. 郭晋杰编，北京：中国文史出版社，2006 年 6 月。
5. 《邂逅湛江》［M］. 彭晖著，广州：广东旅游出版社，2015 年 3 月。
6. 《岭南历史人文地理——广府、客家、福佬民系比较研究》［M］. 司徒尚纪著，广州：中山大学出版社，2001 年 3 月。
7. 《福建移民史》［M］. 林国平、邱季端著．北京：方志出版社，2005 年 12 月。

（二）文献

1. 《麻章区志》［M］. 湛江市麻章区地方志编纂委员会编，广州：广东人民出版社，2013 年 11 月。
2. 《麻章年鉴（2014 年）》［M］. 麻章区年鉴编纂委员会编，广州：

广东人民出版社，2015 年 5 月。

（三）论文

1. 宋俊华、王开桃、李凤炼、周形丹，徐闻县前山镇元宵节游神仪式的文化考察［J］，湛江师范学院学报，2002 年 02 期。
2. 周大鸣，潘争艳，年例仪式与社会功能——以粤西电白县潭村为例［J］，中南民族大学学报：人文社会科学版，2008 年 02 期。
3. 刘勤，公共生活中的自我认同与社会整合：粤西“年例”解读［J］，广东海洋大学学报，2011 年 02 期。
4. 向轼，近三十年我国巫术研究综述［J］，河南师范大学学报：哲学社会科学版，2010 年 06 期。
5. 王建文，粤西民俗“翻刺床”、“爬刀梯”及“穿令”文化探析［J］，体育成人教育学刊，2013 年 04 期。

（四）网上资源

1. 麻章年例民俗旅游文化节——湛江新闻网（http：//news. gdzjdaily. com. cn/zjzt/2016/folkCulture. shtml）
2. 麻章区人民政府网（http：//mz. zhanjiang. gov. cn/MZ2016/Index. aspx）
3. “图读湛江”——碧海银沙网（http：//zjphoto. yinsha. com/）

后　　记

随着我国文化软实力的增强，越来越多的国人乐于回归传统文化，重新认知传统文化的内涵与价值。习近平总书记在中共中央政治局第十二次集体学习时的讲话指出，中国传统文化博大精深，学习和掌握其中的各种思想精华，对树立正确的世界观、人生观、价值观很有益处。这其中有两个地方值得我们特别重视。一个是“各种思想精华”，就不只是光有传统的儒家的思想，还有道家、佛家等的思想，这些思想不仅只在经典的文献中，同时也存在于广大群众的民俗文化实践中；另一个是把传统文化提到了树立“三观”的高度，这在我们党的历史上还是第一次，充分肯定了传统文化中的正能量内容。

民俗文化实践也充分说明了这一观点。近年来，地方传统民俗文化也愈来愈为人们所喜爱，每逢年过节，广东粤西的乡下便热闹起来，有舞狮舞龙的、有游神游“飘色”的、有表演各种民俗“绝活”的，鼓乐喧天，鞭炮齐鸣，将城里人都吸引着往乡下跑去看热闹。此时农村的热闹，与平时冷清得如若无人的“空巢村”，仿若两个世界。笔者的高校位于湛江市市郊的麻章区，该区农村的民俗在湛江市各县区都是有名的，自然本校师生也多是该区农村民俗的“看客”和“食客”。笔者每逢年节都要到近郊的乡下去看民俗、食“年例”；平时也常到当地农村探访下“古村落”、参观下“新农村”。久而久之便萌发了要研究一下这些民俗现象的念头。基于此愿景，笔者成功申报获得“广东省哲学社会科学‘十二五’规划年度项目——《粤西濒危民俗文化研究》”，麻章民俗文化自然成为本课题研究的对象。

之所以重点选择雷州半岛的麻章区作为本书个案研究的对象，因为麻章的农村民俗文化确有其独特之处。从民俗文化的角度看，相较于其它县区的民俗案例，麻章的民俗项目较为全面，别人有的，他都有：如“飘色”（吴川为优）、“舞狮”（遂溪为优）、“舞雄鹰”（廉江为优）、“八音”和“白戏”（安铺为佳）等，这些项目麻章的民俗也应有尽有。而麻章最为引人注目的，还是“傩舞”（旧县村为代表）、“穿令箭”（雷州半岛各村都有，麻章为佳）、“翻刺床”（麻章为佳）、“爬刀梯”（在广东，麻章独有）、“过火海”（麻章为佳）、“关公磨刀节”（在广东，麻章独有）等，这是麻章最有特色且影响最大的民俗项目，成为麻章民俗的代表品牌。从古村落、古民居和文物风景名胜看，麻章也占优势，有世界地质公园、国家 AAAA 级景区——湖光岩风景区、广东省古村落、“广东名村”等风景名胜。我们试图从麻章的民俗考察为切入点，以典型个案研究为依据，进而了解湛江乃至粤西的民俗文化情况。虽为管中窥豹，亦可见一斑。

本书的创作无疑是一个群策群力的过程，这一路走来，离不开众多领导和学者的关心、支持和帮助。

首先，本书在创作过程中，得到麻章区政府及相关部门的大力支持。在前期的调研中，麻章区政府相关部门给予了大力协助，安排干部带领我们深入各村镇调查研究，考察民俗，了解民风；并提供大量资料以资研究。在这里要特别感谢麻章区旅游局长的同志，他们不仅参与了本书的策划，还带领我们深入麻章调查研究，并提供了许多很有价值的研究资料；同时需要感谢的还有麻章区档案局局长彭柏森同志、太平镇副镇长李铸同志、旧县村书记彭锦春同志和傩舞传承人彭爱文同志、调塾村委干部梁文胜同志等，他们均为本书创作过程的调查研究和资料收集提供了直接的支持。

再者，本书的写作得到多位同道的帮助。湛江市旅游局林洪强科长为本书的写作，无论是框架结构、提纲的拟定、内容的选择乃至行文修改都提出了十分宝贵的意见；湛江市民俗文化研究会会长朱卫国先生亦为本书的创作提供了丰富的素材；岭南师范学院地方文化研究院常务副院长王钦峰教授也对本书的创作给予了大力支持。在此，我们一并向他们表示深深的感谢！

需要说明的是，本书所采用的图片，有部分是从各种渠道收录作者之外的他人所拍摄的图片，其中知作者名的已在行文中标注拍摄者姓名，还有部分不知作者名的图片，实难一一注明，深感歉意。

此外，本书在出版过程中，还得到岭南师范学院粤西濒危文化研究协同创新中心的出版资助和广东海洋大学寸金学院的支持，在这里一并表达我们的深情谢意。

由于著者学识有限、能力不足，拙作肯定存在诸多问题和缺点，我期盼着学界同行的赐教与指点，期待着读者朋友的批评和指正。

本书作者

2019 年 10 月 29 日于湛江